CALEID

Jacqueline Bickel
Graziella Baracchini Muratorio

COME EDUCARE I FIGLI PRESTO E BENE

Guida per i genitori
e per quanti si occupano
e preoccupano dei bambini

B&C
Books & Company

Prima edizione: maggio 2008
ISBN 978-88-7997-109-6

L'edizione è stata resa possibile grazie al contributo di:
PEDIATRICA

Grafica e copertina: Sergio Tani
Segreteria di redazione: Bernadette Poupelin

Stampato a Città di Castello da Genesi
per conto della Books & Company s.r.l.
Scali Manzoni 49 - 57126 Livorno
tel. 0586 829979 - fax 0586 833094

Books & Company s.r.l. è il nuovo nome della Belforte & C. Editori srl e di questa è la distributrice esclusiva.

Introduzione

Cari genitori,

potete ben andar fieri dei vostri figli: essi sono certamente molto più intelligenti di quelli di un tempo. È la legge dell'evoluzione, che tende a migliorare la specie di generazione in generazione.

I bambini del terzo millennio sono meravigliosi. I genitori osservano con stupore e ammirazione come fin dai primi mesi riescano ad inserirsi nell'ambiente familiare, e non si stancano di raccontare compiaciuti a parenti e amici quante cose straordinarie hanno fatto e detto, da quando hanno cominciato a camminare e a parlare.

Nei primi anni i bambini dimostrano una gran voglia di conoscere e di apprendere, imitando tutto ciò che vedono fare ai grandi e ciò che sentono dire intorno a loro. Questa forte motivazione è naturale, perché essi espandono così le proprie conoscenze: ogni arricchimento è fonte di soddisfazione e piacere.

Questi stessi bambini aspettano l'ingresso nella scuola primaria con trepidazione ed entusiasmo, imparando anche a tracciare in anticipo il proprio nome con incerte lettere in stampatello. Dal momento in cui iniziano il percorso scolastico, tuttavia, alcuni cominciano a mostrare un'inversione di tendenza: a poco a poco l'entusiasmo si affievolisce, subentra una certa insofferenza, latente o più apertamente manifesta, anche se sempre negata a parole alle domande dirette. Finché, al termine dell'obbligo scolastico nell'ado-

lescenza, l'entusiasmo sembra essere andato quasi del tutto perduto.

Una gran parte di studenti dimostra oramai di subire la scuola come un male necessario, senza ravvisare, nella struttura scolastica, quel vantaggio e quella straordinaria opportunità messa a loro disposizione dalla società moderna. La scuola è vissuta come un peso, un lavoro faticoso per il quale sono continuamente sottoposti a severi giudizi, non come un'occasione unica per arricchirsi di conoscenze nuove e di strumenti utili all'ingresso nella vita.

Il problema, tuttavia, non si limita alla carriera scolastica; l'ostilità più o meno latente coinvolge e travolge anche la vita familiare e sociale. L'insuccesso scolastico crea sentimenti d'incapacità, di sfiducia in sé, di risentimento verso le figure normative che, giorno dopo giorno, ora dopo ora, finiscono per generare atteggiamenti di ribellione e aggressività oppure, peggio, di rifiuto delle regole sociali e d'autoemarginazione.

Da una parte si trovano genitori angosciati, che tentano di rimediare con inutili lezioni di recupero, aspettando che i problemi si risolvano col tempo e con la "maturazione". Dall'altra s'incontrano insegnanti frustrati, che non sanno spiegarsi la mancanza di interessi e di motivazione per le discipline scolastiche, nonostante la loro continua dedizione.

Eppure una soluzione deve pur esservi. I dati che la ricerca nel campo dell'apprendimento mette oggi a disposizione sono enormemente cresciuti. Si ha soltanto l'impressione che sia difficile individuare e selezionare quelli giusti e soprattutto riuscire ad applicarli in modo razionale.

Qualche genitore potrà obbiettare:

***Ma è proprio necessario affrontare il tema dell'educazione? Noi abbiamo ben chiaro quello che va fatto: cercare di educare come siamo stati educati noi** (se ci si sente realizzati), oppure, **cercare di educare come avremmo voluto essere educati** (se i ricordi non sono proprio confortanti).*

Permane ancor oggi assai diffusa l'idea che basti essere genitori per essere anche in grado di educare. In questo caso il termine "educazione" viene quasi sempre associato all'aggettivo buono: "buona educazione". Salutare, ringraziare, mettersi la mano davanti alla bocca se si sbadiglia o si starnutisce, cioè sapersi comportare in modo accettabile in ambito sociale, secondo le norme della buona creanza.

Non si vuole negare a queste pratiche un'indiscutibile utilità, tuttavia l'ambito educativo ne sarebbe troppo limitato. Si vedrà nei prossimi capitoli come ampliare, alla luce delle più recenti ricerche neuropsicologiche, il significato della parola "educazione".

Per molti genitori il compito educativo comincia solo al momento dell'ingresso alla scuola primaria, o forse anche più tardi. Finché il bambino è piccolo è molto più importante pensare alla salute, alle vaccinazioni, a che abbia tutto quello che gli serve: da una ricca alimentazione, a vestiti ricercati, a giocattoli di ogni tipo, pubblicizzati dai mass media, e anche costosi. Per quanto riguarda il percorso scolastico la responsabilità sarà unicamente della scuola. Per le scelte di vita poi, c'è ancora tanto tempo: in ogni modo è chiaro che tutto dipenderà dal carattere e dai geni ereditati, e su questo punto ormai non c'è certamente più nulla da fare.

A questi genitori bisogna ricordare che, se desiderano un percorso sereno per la vita dei loro figli, è indispensabile **educare presto***, già dai primi anni. Gli apprendimenti iniziali, da un lato sono molto resistenti a qualsiasi modifica, dall'altro sono in grado di orientare tutto il percorso esistenziale. Perciò, il compito educativo li riguarda in modo particolare.*

Altri genitori, specialmente all'inizio del loro percorso in quanto tali, sentono vagamente che si sta presentando loro un compito di alta responsabilità e, in molti casi, cercano di informarsi. Vengono tuttavia presto rassicurati che è tutto molto semplice: basta occuparsi della salute del piccolo e di tutti i suoi bisogni primari. Queste considerazioni sono più comuni di quanto si pensi. Spesso non sono neanche rese esplicite a parole.

Tutti i genitori hanno ormai capito assai bene come comportarsi, per quanto riguarda la cura del corpo, ma raramente sono sfiorati dal dubbio che ai genitori debba competere anche il compito di orientare e curare la costruzione della mente dei loro figli.

È invece estremamente importante che i genitori siano informati con precisione, e per tempo, anche su come ***educare bene****, cioè creare fino dall'inizio nel proprio figlio costrutti mentali, capaci di guidarlo con serenità e successo per tutti gli anni futuri. Prevenire è meglio che curare: una volta posti saldamente i principi di base di un'efficace educazione, il compito dei genitori diverrà in seguito semplice e pieno di soddisfazioni.*

Non è facile essere genitori oggi, nella nostra società occidentale. L'educazione della mente infantile si presenta come un compito assai arduo, in quanto si riferisce ad azioni e comportamenti che vanno svolti in un ambiente in un certo senso nuovo, per l'enorme impatto dei mezzi tecnologici oggi a disposizione, e quasi al limite della fantascienza.

Un'efficace educazione infantile in questa nostra era postindustriale pone notevoli problemi: richiede innanzi tutto che siano prese in considerazione le condizioni del nostro tempo, responsabili dell'apprendimento informale dei piccoli, in relazione ai loro peculiari bisogni educativi.

Successivamente va posto in risalto il funzionamento mentale dei bambini piccoli, veri ed unici protagonisti del processo educativo, con il loro modo di pensare e di apprendere.

Infine vanno analizzati i contributi che possono essere forniti dall'ambiente in cui i bambini –almeno nei primi anni– passano la maggior parte del loro tempo, ossia proprio la famiglia. È questo il contesto che ha la massima responsabilità nell'educazione di ogni bambino.

Questo scritto si propone di fornire informazioni semplici e chiare ai genitori di bambini ancora piccoli e, soprattutto, a chi non è ancora genitore ma che sta per diventarlo, tracciando un percorso educativo, atto a facilitare questo arduo compito.

Può essere utile anche ai nonni, quando sono impegnati come babysitter, e a chiunque viva a contatto con bambini, per farli riflettere sul loro ruolo e sulle loro responsabilità. È scritto per educatori responsabili: per far loro intravedere, in modo semplice e chiaro, un percorso adeguato ai bisogni fondamentali dei bambini loro affidati, per assicurare a tutti i piccoli una scolarità gratificante e una futura vita serena.

Parte Prima

Un po' di Teoria

Capitolo 1
Perché Parlare ancora di Educazione?

Tutti i genitori dovrebbero avere il diritto e il dovere di essere informati con precisione sulla costruzione del pensiero che i loro figli compiono fin dai primi giorni di vita, e come sia proprio la famiglia per prima a contribuire in modo attivo alla loro serenità e al loro successo nella scuola e nella vita. Una prima domanda sorge spontanea:

In che cosa consiste l'educazione?

Riferendosi all'etimologia della parola, che deriva dal latino *ex ducere,* cioè condurre da un posto verso un altro, ossia da una condizione iniziale ad un'altra più adeguata, qualsiasi dizionario conferma questo significato: *"condurre i bambini dalla totale dipendenza al momento della nascita, verso una graduale e sempre maggiore autonomia pratica, intellettuale e morale".*

L'educazione è il processo attraverso il quale i piccoli vengono equipaggiati con comportamenti adeguati per l'adattamento all'ambiente e per la sopravvivenza. In genere i bambini assimilano i primi comportamenti attraverso l'imitazione: gli adulti ne facilitano l'acquisizione creando occasioni di maneggiare oggetti comuni della vita di casa, coinvolgendoli nelle situazioni e negli eventi abituali, ma soprattutto invogliandoli, per quanto è possibile, a partecipare e ad agire da soli.

Se si osserva il mondo animale, in particolare quello dei grandi mammiferi selvaggi, si nota come scimmie, orsi, leoni svolgano con estrema cura il loro compito educativo, rendendo i loro cuccioli gradualmente indipendenti nel loro ambiente, insegnando come procurarsi il cibo e difendersi dai pericoli. Una volta raggiunta l'indipendenza, i piccoli sono considerati adulti e lasciati a se stessi.

Certamente gli uomini primitivi, e anche quelli che ancora oggi appartengono a società totalmente separate dal mondo moderno, si sono sempre dimostrati in grado di assolvere nel modo migliore il loro compito educativo, dato che questo era unicamente rivolto all'adattamento e alla sopravvivenza nella propria nicchia ambientale.

Ma l'uomo moderno non si limita più all'adattamento al suo ambiente e alla sua sopravvivenza. Ha compiuto passi da gigante, riuscendo a adattare e a modificare a suo vantaggio l'ambiente in cui vive. A furia di proporsi sempre nuove conquiste è passato dalla condizione iniziale di raccoglitore a quella di agricoltore: nell'era agricola ha imparato a forgiare strumenti, a rendere confortevoli le abitazioni, a valicare monti e mari, diventando artigiano, artista, commerciante, letterato e filosofo. È infine passato negli ultimi due secoli a costruire una nuova era, l'era industriale, con nuove occupazioni e interessi culturali; mentre oggi si trova già a vivere nell'era postindustriale, informatica e virtuale.

L'uomo moderno ha superato ampiamente gli obiettivi pratici e immediati della sopravvivenza, per proporsene un numero infinito di nuovi, sempre più ambiziosi nella sua continuamente rinnovata cultura, basata sulla scienza, sulla tecnologia, sull'arte e sulla speculazione filosofica.

I bambini non hanno forse gli stessi bisogni educativi dei loro genitori?

È importante innanzi tutto rendersi conto che, nel passato, si venivano a creare solo minime differenze nei bisogni educativi dei bambini di successive generazioni, perciò era del tutto normale pensare di poter educare i propri figli nello stesso modo in cui si era stati educati; oggi esistono diversità sostanziali anche solo nel passaggio da una generazione all'altra.

Per secoli le generazioni si sono susseguite all'interno di un'era dalle caratteristiche ben precise e ricorrenti: l'***era agricola*** che, iniziata nel lontano neolitico, è approssimativamente terminata, almeno nella nostra civiltà occidentale, verso la metà del diciannovesimo secolo.

Il fatto di vivere e permanere all'interno di una stessa era aveva dei vantaggi: gli strumenti e gli obiettivi offerti dalla società erano sempre gli stessi, anche se comparivano minime variazioni. In particolare i genitori avevano riferimenti precisi circa il modo di affrontare l'educazione da offrire ai figli; era sufficiente, infatti, dare ai piccoli gli insegnamenti che essi, a loro volta, avevano ricevuto dai propri genitori. I bambini dal canto loro osservavano i ruoli degli adulti, li assumevano nel crescere, e li riproponevano ai propri figli e così via.

Chi oggi è anziano ha vissuto, forse senza rendersene conto, un evento particolare, mai capitato alle precedenti generazioni nel mondo occidentale. In pratica nella sua vita è passato attraverso tre ere diverse: nato nell'***era agricola***, ha attraversato rapidamente l'***era industriale*** e si è infine ritrovato a vivere nell'attuale ***era post-industriale***.

Questo rapido passaggio da un'era all'altra ha creato un certo stravolgimento dei punti di riferimento sociali, ivi compresi quelli dell'educazione dei bambini. Una delle principali conseguenze è che oggi non è più possibile, o corretto, educare i figli nello stesso modo in cui sono stati educati i genitori. Sono cambiati, anzi stanno continuamente cambiando nel breve spazio di poche generazioni, gli scopi, i mezzi, gli strumenti utili all'esistenza e alla convivenza sociale.

Inoltre, dato che la vita familiare si è aperta sempre di più al mondo circostante, è aumentata l'influenza delle sollecitazioni che ogni membro della famiglia riceve dall'esterno e riporta al suo interno, rendendo più complesso e faticoso il compito educativo.

È necessario quindi considerare con più attenzione come siano cambiati i bisogni dei bambini in relazione al tipo di società in cui sono nati e si trovano a vivere, e quali siano, oggi, le necessità prevalenti e di maggior peso, considerando anche le richieste che saranno loro poste quando diverranno adulti.

Per individuare i bisogni educativi dei bambini di oggi conviene innanzitutto confrontarli con quelli dell'era agricola, in cui hanno vissuto la loro infanzia i nonni e spesso anche i genitori.

Gli aspetti che più differenziano i bambini di oggi da quelli di ieri riguardano la comprensione del loro mondo, e possono essere così sintetizzati:

- riduzione delle autonomie pratiche;
- aumento delle sollecitazioni esterne, legate alle caratteristiche del nostro tempo;
- ruolo della fantasia.

Come possono oggi i nostri figli capire il mondo che li circonda?

Una delle modifiche più clamorose riguarda la ***famiglia***. Da quella patriarcale, in cui convivevano nonni e zii, in cui si trovava sempre qualche adulto con tempo a disposizione per occuparsi dei piccoli, siamo oggi ridotti sempre più a famiglie nucleari o addirittura a un solo genitore. Gli adulti hanno orari scanditi dal lavoro e i figli vengono sempre più spesso affidati a babysitter. Le richieste di asili nido e di tempo pieno scolastico sono in continua crescita. Ciò non garantisce una condotta educativa familiare costante e finalizzata, per le troppe interferenze esterne che si sovrappongono e spesso contrastano fra loro.

L'educazione dei piccoli d'ogni specie coincide con il fornire competenze al fine di far loro acquisire autonomie sempre più numerose ed affinate. I bambini dell'era agricola erano, per forza di cose, precocemente responsabilizzati e resi più autonomi. Era opportuno che liberassero al più presto la madre e gli altri adulti dalla necessità di accudirli, oltre a metterli in grado di aiutare la famiglia con piccoli lavori. Giocare, e soprattutto leggere, era considerato un perditempo.

Grazie a questo maggiore coinvolgimento nelle attività della vita quotidiana, i bambini giungevano senza alcuna difficoltà a rendersi conto degli aspetti e delle dimensioni del mondo attorno a loro. Ad esempio, acquisivano con precisione l'uso degli oggetti domestici e, quindi, la conoscenza di loro parti e attributi, cui è legata la causalità fisica: infatti, sulla base dell'esperienza personale imparavano presto che gli oggetti fragili corrono il rischio di rompersi, i liquidi di spandersi e di macchiare, gli oggetti acuminati e taglienti di ferire e far male.

La ***curiosità*** e l'intraprendenza nell'infanzia era sollecitata continuamente dall'abitudine di accompagnare la madre in attività quotidiane, ad esempio a fare la spesa: il negozio degli alimentari e le drogherie erano un tempo una fonte inesauribile di odori e di sensazioni tattili, che i piccoli provavano immergendo di nascosto le mani nei sacchi dei diversi semi commestibili e delle farine dalle più varie consistenze. Le botteghe artigiane del falegname, del fabbro, dell'arrotino, del maniscalco fornivano materiali ed esperienze ricche e ben diversificate per la trasformazione della materia e la confezione di oggetti comuni, utili alla vita sociale.

E i bambini di oggi? Innanzi tutto sono meno responsabilizzati e più protetti. Un po' per necessità: da un lato, infatti, gli adulti, per adeguarsi ai ritmi sempre più veloci della vita cittadina, preferiscono sbrigare da soli i lavori casalinghi, senza pensare di affidare ai bambini compiti che pure potrebbero benissimo svolgere. Dall'altro per i piccoli si sono moltiplicati all'esterno i pericoli, dall'aumento dei mezzi di circolazione ai possibili adescamenti, che sconsigliano di lasciarli uscire da soli, costringendoli a restare più a lungo protetti fra le mura domestiche.

A ciò si aggiungono le esigenze d'orario in una vita che corre sempre più in fretta: perché siano pronti per la scuola, la ginnastica, il nuoto, la danza; tutto spinge le madri a sostituirsi sempre più spesso ai figli nelle attività di autonomia personale.

La visita al supermercato, oggi, non è più fonte di conoscenza attraverso la stimolazione del tatto e dell'odorato, come nel caso della bottega: quasi ogni prodotto è accuratamente inscatolato, di modo che non vi è più tatto o odore che differenzi un cibo dall'altro; i bambini devono orientarsi solo con lo scritto in mezzo ad un'orgia di scatole multicolori molto simili le une alle altre, che finiscono col confondere addirittura ciò che è commestibile da ciò che non lo è, o magari è nocivo.

Infine i genitori, anche per un certo spirito di rivincita sul passato, sono spesso portati ad affermare: *"non voglio certo che mio figlio debba subire tutte le fatiche e le privazioni, come è successo a me!"*.

Si riducono così per i bambini le opportunità di partecipare attivamente, per esercitarsi nel pratico, per impratichirsi nell'uso di oggetti e strumenti utili e per conquistare autonomie nell'ambito della vita quotidiana. Se questo da un lato comporta meno fatica e una vita più facile, dall'altro riduce la partecipazione e il senso d'appartenenza alla comunità familiare, oltre a limitare le conoscenze sul mondo, che per i piccoli è rappresentato essenzialmente dall'ambiente circoscritto della casa, limitato ai rapporti con persone conosciute e all'uso degli oggetti comuni che li circondano.

In che modo le caratteristiche del nostro tempo influiscono sulle conoscenze dei bambini?

I bambini del terzo millennio sono molto più ***distratti*** di quelli dell'era agricola. Un tempo bisognava andare alla scoperta di novità, dato che si viveva all'interno di uno scenario fisso e sempre uguale. Ciò stimolava la creatività infantile: nuove mete di passeggiate, raccolte di piante, bruchi, rocce, costruzioni di carretti e di capanni.

Oggi invece si vive prevalentemente fuori casa: lavoro e tempo libero per gli adulti, scuola, sport, attività ricreative dei bambini variano continuamente, fornendo messaggi e suggestioni spesso contraddittorie e fonti di confusione. Inoltre, tramite i media, messaggi esterni entrano continuamente nelle case, disturbando l'intimità familiare, e impedendo ai bambini di orientare la propria vita secondo lo stile educativo e i valori della propria famiglia.

La ***velocità*** è la costante abituale del nostro tempo. La gita domenicale è in auto, con il rapido e continuo mutare di scenari, a scapito dell'osservazione approfondita di tutto quello che si incontra, e della riflessione su chi lo adopera, a che cosa serve, come è fatto. E poi la piscina, lo sport, la danza: si passa incessantemente da un'attività all'altra, da una distrazione all'altra, senza avere il tempo per formulare un progetto, stabilire una meta, prendere l'abitudine a riflettere su ciò che si fa o si è appena fatto. L'orizzonte si è certamente allargato, le conoscenze iniziali che si offrono ai bambini si sono moltiplicate, ma le opportunità di approfondirle sono molto diminuite, o sono diventate rapide e superficiali.

E quali erano i giochi dei bambini di un tempo? Soprattutto giochi di movimento e di costruzione: arrampicarsi sugli alberi, "acchiapparello" e nascondino, costruzione di capanni o di carretti, giochi di cortile con la palla o con la corda da saltare, il gioco del "mondo", o della "campana", che s'incontrava continuamente disegnato sui terreni sabbiosi o con l'aiuto del gessetto su quelli asfaltati.

Oggi sono molto diminuite le occasioni per i giochi motori che i bambini di un tempo affrontavano molto seriamente all'esterno e spesso nell'ambito privilegiato del cortile: il cortile si è ristretto, e la strada è troppo pericolosa. In casa i giochi motori non sono ammessi; e poi che gusto ci sarebbe senza gli amici con cui gareggiare? Biciclette e automobiline elettriche hanno eliminato i pedali; giochi meccanici ed elettronici, stanno sostituendo pressoché totalmente il gioco collettivo, mentre i libri sono soppiantati dai cartoni animati, dalla televisione e dai videogiochi.

È oggi resa meno facile e spontanea la costruzione di alcuni concetti quali spazio, tempo, numero. Un tempo, il territorio attorno alle abitazioni consentiva di porre continui rapporti di ***spazio*** prossimo o lontano ed era fonte di scoperte: le distanze fra un luogo e l'altro erano misurate grazie alla fatica e al tempo impiegato negli spostamenti. Era semplice paragonare le distanze fra posti diversi, dato che le mete andavano quasi sempre raggiunte a piedi.

Oggi non è ritenuto prudente lasciare che i bambini esplorino da soli le aree intorno alle loro case. Inoltre i percorsi vengono coperti con diversi mezzi di trasporto: auto, bus, treno, aereo: ciò non consente più di far apprezzare e paragonare fra loro le distanze, dato che la fatica è stata eliminata e il tempo varia in funzione del mezzo.

Nel passato il ***tempo*** era scandito e compreso in base alle festività. Le festività erano sottolineate dalla comparsa di alimenti tipici e stagionali, particolarmente gustosi e attesi, dato che non comparivano mai sulla mensa negli altri giorni dell'anno. Oggi, grazie alle catene del freddo, si trovano nei supermercati frutta e altri alimenti indipendentemente da costrizioni di tempo e spazio: si mangia di tutto tutti i giorni dell'anno, senza dover attendere la stagione propizia, o senza doversi recare nei paesi dal clima più adatto; i bambini però hanno perso l'opportunità di riferimenti pratici per l'organizzazione del tempo.

Le grandi feste religiose o sociali: Natale, Pasqua, Ferragosto, non sono più aspettate con l'impazienza e la trepidazione di una volta, quando rappresentavano veramente delle tappe liete e festose con i loro aspetti caratteristici, capaci di scandire il tempo all'interno di una vita spesso monotona, e a volte assai dura.

Le festività, che avevano il compito di caratterizzare ogni stagione dell'anno, oggi hanno finito col perdere le loro caratteristiche tipiche e tendono ad assomigliarsi tutte, dato che ognuna porta doni per i più piccini. L'abbondanza dei regali ha cancellato la gioia dell'attesa, elemento che anticipava, prolungandolo, il piacere di ricevere il dono.

Mal differenziate le festività, sono spariti anche i giochi caratteristici di ognuna di esse, come le tombole natalizie, gli alberi della cuccagna, lo stesso carnevale. L'albero della cuccagna sollecitava abilità psicomotorie e strategie per raggiungere i doni più ambiti. Il cartellone della tombola, giocata dagli adulti, incuriosiva e rendeva familiare ai piccoli il mondo dei ***numeri***: dai loro nomi alla rappresentazione sotto forma di cifra.

L'illuminazione era allora costosa e scarsa; solo per le feste principali si ricorreva a luminarie con candele, lumini ad olio, lampadine attorno all'esterno di chiese e case; poi, nelle grandi ricorrenze, i fuochi artificiali. Oggi i bambini sono bombardati fin dalla nascita da messaggi pubblicitari, cartelloni, insegne luminose. La luminaria della pubblicità quotidiana sorpassa in intensità e in colore tutte le luminarie eccezionali di un tempo. Senza parlare dei media: radio, televisione, che condizionano le scelte senza nemmeno dare il tempo di pensare.

Il mondo moderno sta diventando per i piccoli sempre più difficile da essere compreso, per la sua dimensione virtuale e quasi fantascientifica, connessa all'abbondanza in circolazione di ***strumenti tecnologici*** quali telefonini, televisori, elaboratori elettronici, che trenta o quarant'anni fa nessuno si sarebbe sognato di immaginare.

Il ruolo della fantasia ha oggi la stessa importanza di un tempo?

Quando il tempo era statico e apparentemente immutabile, quando il lavoro richiedeva forza fisica e fatica, quando troppo spesso il mangiare a sufficienza rappresentava un problema, diventava necessario cercare da qualche parte un messaggio consolatorio, ed ecco il balsamo: la ***fantasia***. La fantasia che, grazie alle fiabe create all'inizio da adulti per adulti, mutava un mondo grigio in un altro colorato, improbabile, ma fatto su misura per i desideri inespressi, che rassicurava e creava la certezza del bene, della giustizia, del premio finale.

Dietro la fantasia era ancora ravvisabile il vecchio mondo conosciuto, avvolto però nella sua nuova veste multicolore. Col passare del tempo questa fantasia è stata offerta e proposta soprattutto ai bambini, visti come più deboli e più bisognosi di rassicurazione. I bambini però credono più facilmente a tutto e si lasciano incantare dal mondo fantastico, tanto più appetibile del reale. È nato così il mito del bambino ricco di fantasia, che ha bisogno di vivere di fantasia e nella fantasia. Ma oggi è ancora vero?

Oggi la qualità della vita, almeno nel mondo occidentale,

è notevolmente migliorata, il problema della fatica e della fame è divenuto marginale. Accanto a ciò, molte realizzazioni della scienza e della tecnica hanno contribuito ad attuare cose che all'inizio del ventesimo secolo erano ancora considerate fantascientifiche:

- moto e automobili, come carrozze senza cavalli;
- aerei, che consentono il giro del mondo in molto meno di ottanta giorni;
- strumenti elettronici, che consentono comunicazioni in tempo reale indipendentemente dalla distanza;
- viaggi interplanetari, con l'arrivo dell'uomo sulla luna e l'esplorazione di altri pianeti;
- satelliti artificiali che navigano negli spazi interplanetari, inviando foto inimmaginabili.

Il bambino dell'era agricola viveva in una realtà piuttosto dura; solo con l'accesso alla lingua scritta poteva entrare nel mondo dei racconti, delle fiabe e della fantasia, ma quando ne usciva si ritrovava costantemente riportato alla concretezza del fare quotidiano.

Oggi i bambini si svegliano pronti ad accendere la TV e ad entrare fin dal primo mattino nel mondo irreale dei cartoni animati; alla scuola dell'infanzia ritrovano gli stessi pupazzi sulle pareti e nei libri; al loro ritorno a casa il tempo libero pomeridiano è riempito ancora dalla TV, dai fumetti, dai videogiochi: e così non resta loro un solo minuto per imparare a capire quale siano le reali dimensioni del mondo.

I bambini di oggi, che vivono costantemente immersi in un mondo fantastico e di difficile comprensione, hanno meno bisogno di fantasia, ma certamente molto più bisogno di ***realtà***.

Solo conoscendo bene la realtà si può capire cosa sia la fantasia, in modo da differenziare l'immaginario dal reale. Senza un riferimento preciso con la realtà, la fantasia perde il suo valore consolatorio e rassicurante; fa confondere il vero e il falso, il possibile e l'impossibile; genera insicurezza, insoddisfazione, superficialità, mancanza di valori.

La fantasia ha sempre la stessa forma o cambia nel tempo?

Secondo Vygotskij, la creazione fantastica inizia nella storia dell'umanità, come in quella di ogni bambino, con la capacità creativa della mente di ***combinare fra loro pezzi di realtà***.

Nella storia dell'uomo o filogenesi, infatti, si osserva all'inizio la proliferazione creativa di mostri mitologici, composti dall'associazione di parti di diversi animali ben noti: troviamo così la sfinge, le arpie, i centauri... Tale attività combinatoria, tuttavia, richiede un certo bagaglio di dati concreti, ricavati dall'interazione con il mondo reale.

Certamente le conoscenze di un adulto sono maggiori di quelle di un bambino, quindi è chiaro che un adulto potrà essere sempre più abile in questo tipo di creatività associativa e quindi più fantastico. La sola differenza è che il bambino tende ad indulgere più a lungo in questo gioco, è più ingenuo e meno critico, mentre l'adulto si arresta appena ne percepisce i limiti.

Questo tipo di fantasia primitiva lascia ben presto il posto ad un secondo stadio: la capacità di ***ricreare il reale***, anche se mai direttamente conosciuto. Immaginare dei personaggi realmente esistiti, dei paesaggi veri, anche se lontani e mai visitati, come nella storia, nella geografia e nella letteratura.

Vi è poi un terzo stadio dell'immaginazione creativa, in cui suoni, colori, immagini, parole potranno essere ***associati***, dalla sensibilità dell'artista, musicista, pittore, poeta, ***con i sentimenti e le emozioni*** che li hanno sottesi. A loro volta le grandi opere d'arte saranno in grado di suscitare, in chi le gusta, analoghi sentimenti.

E infine un quarto e più evoluto stadio, che chiude il ciclo, rendendo ***concreti i prodotti dell'immaginazione creativa*** in oggetti od opere reali, frutto della scienza e della tecnologia, quali, ad esempio, l'introduzione della ruota dentata per la costruzione di congegni meccanici, le autostrade ricche di trafori e di arditi viadotti, lo sfruttamento del vapore e di nuove forme di energia per muovere i mezzi di trasporto ed eliminare la fatica. Grazie ai prodotti di quest'ultima forma di fantasia creatrice, l'uomo ha finito col capire, attraverso analogie e metafore, addirittura l'infinitamente piccolo e l'infinitamente grande, e col piegare l'ambiente adattandolo ai propri fini ed alle proprie esigenze.

È indispensabile allora che il bambino superi presto il primo stadio per giungere al secondo, che viene coltivato in particolare durante gli anni della scuola dell'obbligo, per proseguire poi con successo durante l'adolescenza e l'età adulta verso il terzo e il quarto.

Continuare troppo a lungo a nutrire il pensiero dei bambini con la fantasia primitiva, non li prepara certo per la vita del mondo futuro. È inutile prolungare oltre un certo limite il loro impegno in un mondo fittizio, quando, oltretutto, manca loro la possibilità di un necessario confronto con la realtà quotidiana.

Meglio senz'altro impegnarli presto nell'ampliare e nell'approfondire le conoscenze del mondo reale, le sole utili per l'accesso all'immaginazione più ricca e articolata del secondo stadio, base del pensiero logico.

Capitolo 2
La Costruzione dell'Elaboratore Mentale

Questa complessa situazione ambientale e sociale, in continua espansione e modifica, non è mai stata controbilanciata da una chiara consapevolezza degli scopi dell'educazione infantile. Lo scopo di un'efficace educazione è, come già detto, di condurre il bambino, dipendente in tutto e per tutto dagli adulti al momento della nascita, verso un ***progressivo e graduale stato d'indipendenza***.

Tale compito si complica a causa dell'estrema velocità, che caratterizza le nostre società occidentali; velocità, che impedisce di rispettare il bisogno dei tempi lunghi, indispensabili ai bambini per apprendere.

Inoltre, la diffusione degli strumenti tecnologici rende meno facile ed immediata ai bambini la percezione degli scopi per i quali sono stati creati; di quale parte di faticoso lavoro hanno contribuito ad eliminare.

Infine l'abbondanza e l'apparente disponibilità di tanti beni di consumo, frutto dell'industriosità umana, sollecita continuamente il desiderio dei piccoli; è del tutto naturale che essi vogliano appropriarsi di tutto ciò che vedono a loro disposizione, e soprattutto averlo subito.

D'altra parte oggi, grazie soprattutto agli studi della moderna psicologia cognitiva, è disponibile una vasta e approfondita letteratura sui processi mentali dei bambini, su come essi siano motivati ad apprendere e sull'evoluzione del loro pensiero.

PERCHÉ L'EDUCAZIONE VA AVVIATA PROPRIO NEI PRIMI ANNI? NON È MEGLIO PREOCCUPARSENE QUANDO IL BAMBINO È PIÙ MATURO?

Dal momento della nascita, nel sistema nervoso centrale (SNC) s'iniziano a costruire senza interruzione circuiti nervosi, soprattutto durante le ore di veglia e, in misura ridotta, anche durante il sonno. Contemporaneamente inizia il processo educativo da parte dell'ambiente familiare, anche se in modo non programmato e informale.

È assurdo pretendere di educare, cioè facilitare nel bambino la costruzione di circuiti utili per l'adattamento, iniziando solo a partire da un certo numero di anni. Il SNC non resta ad aspettare; la sua funzione costruttrice si mette in moto fino dagli ultimi mesi della gravidanza e, soprattutto, dalla nascita. Se non ci si preoccupa di far costruire subito circuiti utili, la costruzione potrà imboccare vie diverse da quelle che sono ritenute opportune, e saranno in futuro più difficilmente corrette, cancellate o sostituite.

Per capire come si svolge il processo costruttivo all'interno del SNC bisogna fare riferimento al suo funzionamento. Alla nascita e nei primi anni di vita il SNC ha a disposizione miliardi di neuroni e la possibilità di collegarli fra loro in qualsiasi modo per formare circuiti neurali; questi a loro volta potranno collegarsi fra loro in reti sempre più complesse, che sottendono, cioè provocano, i comportamenti presentati dal bambino. I neuroni possono essere paragonati a microprocessori, collegati in circuiti sempre più complessi, simili a quelli che fanno funzionare gli strumenti elettronici.

A mano a mano che il SNC si arricchisce di circuiti funzionali, diminuiscono le sue potenzialità per costruire nuovi e differenti circuiti. È stato dimostrato che gattini, allevati nel buio più completo, non sono più stati in grado di usare correttamente la loro vista. Si sono anche avuti casi di bambini che, rapiti in tenera età da scimmie e cresciuti nella foresta insieme agli animali, quando sono stati ritrovati dopo nove anni, non hanno più imparato a parlare.

D'altra parte si sa che i circuiti nervosi costruiti nei primi anni di vita sono molto resistenti a qualsiasi cambiamento e quindi, una volta formati, sarà sempre più difficile modificarli per sostituirli con altri nuovi.

Le parole *"maturo, maturazione, maturità..."* sono usate troppo spesso a sproposito, se e quando ci si riferisce ad apprendimenti e comportamenti umani. Sono parole di chiara derivazione agricola, che vanno benissimo per frutta e verdura, in quanto indicano un obbiettivo che si raggiunge sempre, semplicemente in funzione del tempo.

Non vanno bene, invece, quando ci si riferisce ai prodotti del SNC, a comportamenti e conoscenze che non si raggiungono soltanto in funzione del tempo, ma sono dovuti ad un'attività costruttiva della mente, provocata da un lato dall'interazione fra motivazioni e capacità del bambino, e dall'altro dalle opportunità, dagli strumenti e dagli incoraggiamenti offerti dal contesto.

Quindi, appare fondamentale stimolare subito nel bambino piccolo, meglio se piccolissimo, la costruzione di quei circuiti nervosi, responsabili dei primi comportamenti osservabili, che potranno sostenere ed indirizzare l'ulteriore organizzazione mentale verso comportamenti ritenuti più adatti a garantire la serenità, la soddisfazione e l'integrazione personale e sociale del futuro membro di una società moderna.

Quando i genitori riconoscono nei loro figli comportamenti simili ai propri, non considerano abbastanza l'influenza che essi esercitano su di loro, fornendo modelli con il loro comportamento quotidiano.

Quando, invece, contestano che i loro figli sono molto diversi l'uno dall'altro, e che perciò i genitori non possono essere responsabili della loro evoluzione caratteriale, non si soffermano su due importanti considerazioni:

- innanzitutto che comunque i geni, all'inizio, possono sempre essere portatori di tendenze e temperamenti diversi;
- in secondo luogo che i genitori, pur restando gli stessi, sono anche sempre diversi da un giorno all'altro e, a

maggior ragione, da un anno all'altro, come conseguenza dell'influenza di condizioni familiari, lavorative, ambientali in continuo cambiamento. Inoltre, il loro comportamento è influenzato dal temperamento e dagli atteggiamenti di ogni figlio, in un'interazione reciproca quotidiana e continua.

IN CHE MODO LA FAMIGLIA PUÒ FACILITARE AL BAMBINO LA COSTRUZIONE DI UN EFFICACE ELABORATORE MENTALE?

Le migliori condizioni, che l'ambiente familiare può offrire per facilitare al bambino la costruzione della sua mente, sono state a suo tempo formulate dallo psicologo svizzero Jean Piaget: esperienza concreta ed interazione sociale.

Fino ai 7-8 anni di età i bambini, adeguatamente seguiti da famiglia e scuola, imparano prevalentemente attraverso l'azione diretta, che fornisce ***esperienze concrete***, in quanto queste mobilitano naturalmente tutti i canali sensoriali: propriocezione, tatto, vista, udito, tutte fonti di informazioni sicure.

È ben noto che anche molti adulti imparano più facilmente attraverso l'azione e l'esperienza, utilizzando il fare diretto, piuttosto che attraverso il linguaggio, leggendo o ascoltando; ciò è valido in modo particolare nell'età infantile.

Con l'esperienza diretta e concreta il bambino è motivato a partecipare e, sospinto dalla soddisfazione emotiva della scoperta, si arricchisce spontaneamente di molte informazioni su oggetti, persone, situazioni, eventi del mondo che lo circonda. L'apprendimento per esperienza concreta è sempre piacevole.

Lasciato a se stesso il bambino privilegia naturalmente l'esperienza concreta, imitando gli adulti nell'uso di oggetti della vita quotidiana. Ogni mamma si ricorda di quando il suo piccolo di due o tre anni le trotterellava dietro tentando di imitarla nelle faccende domestiche: spazzare, spolverare, stendere, ritirare il bucato. La maggior parte dei bambini mostra in questo modo il forte desiderio di partecipare alle attività degli adulti, e di portare il suo fattivo contributo alla vita della famiglia.

Incoraggiarli a partecipare, da un lato arricchisce sempre di più le loro competenze motorie, manipolative, organizzative, ma dall'altro invia al piccolo messaggi impliciti di grande portata: *"sei grande ormai, ti ritengo responsabile e capace di darmi una valida mano, il tuo aiuto è importante per me..."*, inducendo nel bambino sentimenti di fiducia nelle proprie capacità e iniziando a costruire le basi dell'autostima.

Tutto preso dall'impegno attivo e manipolativo il bambino presta scarsa attenzione alla lingua parlata, ma è rapido e competente ad afferrare e a capire i messaggi impliciti. Per quanto riguarda la lingua, invece, egli si limita tutt'al più a ricordare i nomi di qualcosa che lo ha interessato o emozionato e di qualche azione compiuta con successo.

Tuttavia, col ripetersi dell'esperienza, e a mano a mano che la capacità di fare si automatizza, egli finirà col prestare maggiore attenzione anche alle parole, a come sono codificati linguisticamente gli oggetti che egli è intento ad adoperare, e le azioni che riesce ad eseguire. È per questo che genitori e educatori non devono mai stancarsi di descrivere e perciò *sottolineare con la lingua parlata tutto quello che il bambino sta facendo, nel momento stesso in cui il piccolo è impegnato in qualsiasi attività, anche la più elementare.*

Grazie a questa precisa associazione del linguaggio con il pensiero, il bambino da un lato arricchisce di significati concreti la parola, dall'altro si trova in grado di condensare in brevi stringhe sonore i risultati della sua esplorazione e della sua manipolazione. L'esperienza concreta è così fissata, anche in forma verbale, mediante l'***interazione sociale*** e potrà essere utilmente evocata in futuro per attivare la riflessione, l'anticipazione, la formulazione e la verifica d'ipotesi.

Cosa significa precisamente interazione sociale?

La trasmissione per interazione sociale si effettua quando le conoscenze sono trasmesse mediante il dialogo, attraverso le domande per saperne di più, e le risposte per tentare, sperimentare, valutare.

La maggior parte del pensiero infantile emerge e si arricchisce attraverso gli scambi verbali con adulti e coetanei. Le idee possono essere interiorizzate e fatte proprie soltanto dopo che sono state espresse insieme ad altri. L'atto di verbalizzare il proprio pensiero è parte essenziale del processo di comprensione e dell'apprendimento umano.

È importante, tuttavia, che quando l'adulto dialoga col bambino sappia sempre mantenersi a livello del pensiero infantile, senza sfoggiare troppo le proprie conoscenze. Deve offrirgli continue opportunità per scoprire sempre qualcosa di nuovo, ma non soverchiarlo con un eccesso di dati poco concreti, con la conseguenza di creare confusione nel processo di pensiero, e affievolire la sua motivazione ad esprimersi. Se il bambino si accorge che l'educatore possiede sempre le migliori risposte, e così lo fa sentire in condizione d'inferiorità, finirà per sfuggire al colloquio.

L'interazione fra genitore e bambino si compone in genere di tre schemi base: gli ordini, le domande, i commenti.

(a) Gli ordini

Certamente è fondamentale gestire il comportamento di ogni bambino; la maggior parte dei genitori lo imposta attraverso ordini e comandi di tipo imperativo. "*Fai così... Non fare questo...*". Il suggerimento è di non esagerare nel pretendere troppo presto comportamenti complessi a livello di massima adeguatezza. Migliori risultati possono essere ottenuti graduando i tempi e sfumando i toni della richiesta, usando ad esempio formule del tipo: *"è meglio fare così... ora è il momento di fare così... mi dispiace se ti comporti in questo modo..."*.

Il bambino piccolo non è sicuramente in grado di afferrare

differenze sul piano puramente linguistico; infatti, nei primi anni i significati vengono quasi esclusivamente percepiti attraverso riferimenti concreti ed intonazioni della voce. Tuttavia se il genitore fornisce il modello pratico dell'attività, e adotta la formula verbale sfumata al posto dell'imperativo, finisce automaticamente per sfumare anche l'intonazione. Il bambino allora percepirà l'ordine come se fosse un consiglio e si sentirà trattato come una persona responsabile. Sarà inoltre più semplice per lui eseguire l'azione adeguandosi al modello.

L'eccesso di ordini e di rimproveri può avere come conseguenza la riduzione, o addirittura l'interruzione, dell'ascolto. Molti bambini espandono il loro vocabolario grazie agli ordini ricevuti, se ascoltati. Purtroppo il comando viene di solito formulato con un codice ristretto, e non sarà in grado di favorire l'elaborazione della sintassi.

Se la norma che si vuole trasmettere, inoltre, si associa al rimprovero, capita normalmente che il bambino cessi di ascoltare quanto gli viene detto, e quindi di non memorizzare la regola, appunto perché associata ad un'esperienza spiacevole.

Un'altra conseguenza dell'eccesso di ordini può essere la ribellione: il bambino sfida in questo modo l'adulto, lo provoca, insistendo nel comportamento criticato o riprendendolo in altre circostanze, per opporsi all'educatore ed ottenere comunque la sua attenzione.

(b) Le domande

Le domande del bambino e anche quelle dell'adulto sono la chiave dell'apprendimento infantile. Quando il bambino ancora non parla, comunica chiaramente con la sua espressione interrogativa, fissando intensamente un oggetto, sul quale desidera ulteriori informazioni. È del tutto naturale che il genitore affettuoso gli fornisca il nome dell'oggetto, mostri come si adopera e aggiunga qualche altra informazione verbale.

Appena il bambino inizia a parlare, s'impegna con evidente soddisfazione a denominare tutto quello che gli capita a tiro. Presto impara anche a fare domande, per raccogliere informazioni su tutto quello che lo circonda. La motivazione a sapere e a conoscere il mondo, in cui è entrato da poco a fare parte, è fortissima nel bambino piccolo, quasi si sentisse consapevole di carenze, che devono essere colmate al più presto.

In genere i genitori sono molto solleciti a fornire le risposte richieste. Occorre però fare attenzione ad arricchire sempre la risposta verbale con elementi concreti ricavati dal contesto. Ad esempio, se il bambino chiede: "*Fiore?*" indicando un geranio, si può rispondere: "*È un fiore rosso: un geranio, è rosso come il tuo maglioncino*".

Verso i tre anni il bambino si accorge di una parola, usata spesso dagli adulti per ottenere informazioni: la parola è *"perché?"*. Egli comincia così ad usarla non tanto per collegare cause ed effetti, ma con la semplice intenzione di ottenere informazioni supplementari. Ad esempio, si possono notare dialoghi del tipo: *"Babbo, cos'è quello?", "È un trattore"* oppure *"È un cammello"*. Dopo un poco il bambino riprende: *"Perché è un trattore?"* o *"Perché è un cammello?"*. L'interlocutore adulto resta per lo più sbalordito. Tuttavia basta tradurre la domanda in *"Dimmi qualcosa di più sul trattore, o sul cammello. A che cosa serve? Dove sta? Come è fatto?..."*. Non si può pretendere che un bambino ancora piccolo sappia formulare tutte queste domande.

Ad un certo punto le domande dei bambini tendono a diminuire. Ciò significa che essi hanno raggiunto lo stadio in cui si sentono oramai padroni di tutto il sapere. Sono i genitori, che tendono a fornire ulteriori spiegazioni su argomenti, che magari non suscitano al momento particolare interesse nel piccolo. A questo punto è bene riflettere sul fatto che dare informazioni a chi non ne sente il bisogno, fa correre il rischio di annoiare, invece di arricchire il capitale di conoscenze.

È bene perciò, prima di fornire spiegazioni non richieste, far provare al bambino la sensazione di una lacuna e, quindi, il bisogno di possedere la risposta. Per fare questo è necessario partire, invece che dalla spiegazione immediata, dalla domanda: *"Lo sai come si chiama... come si fa... di che cosa è fatto...?"*.

Quando un bambino si trova di fronte alla domanda, sperimenta immediatamente il bisogno di possedere la risposta giusta. È come se all'improvviso trovasse nella sua mente una situazione di squilibrio; quando compare la soluzione, e ottiene la risposta, la mente la fa propria, e l'organismo ritrova così il suo equilibrio e la serenità.

I genitori devono perciò fare la massima attenzione a non fornire troppo presto tutte le informazioni in loro possesso, ma limitarsi a porre domande che attivino nel bambino il desiderio di sapere, il bisogno di ottenere anche quella particolare informazione, e sollecitino la scoperta.

Certamente la tentazione di fornire subito tutte le informazioni e le risposte giuste è grande, perché procura piacere a chi le fornisce. Bisogna però ricordarsi che in questo modo togliamo ai bambini l'occasione di provare almeno un poco lo stato di squilibrio, provocato da un vuoto fra le proprie conoscenze, che li spingerà a volersele fare proprie per raggiungere una motivata comprensione.

Quando i bambini ricevono spiegazioni non richieste hanno difficoltà a farle proprie. Quando l'adulto spiega, e fornisce la propria migliore risposta, l'insegnamento diventa immediatamente passivo, in quanto i bambini ricevono troppo presto una risposta a problemi non loro. La spiegazione non riempie mai di sapere le menti "vuote" dei bambini, né le mette in movimento.

Purtroppo non si forma stabile apprendimento senza avere provato la frustrazione dello squilibrio, che consente il successivo riequilibrio; e non si può provare la frustrazione dello squilibrio, senza essere stati provocati con una domanda. Una volta messi in situazione di squilibrio, la motivazione per ricevere la risposta diventa automatica.

(c) I commenti

Un'attività particolarmente utile a migliorare sia l'ascolto, sia l'espansione del vocabolario e soprattutto della sintassi è il commento, ossia la formulazione in termini verbali di quello che egli fa, mentre lo sta facendo. Ad esempio, mentre sta lavandosi le mani, commentare: *"Bravo, guarda che mani sporche! Hai aperto il rubinetto, ora strusciale bene sotto l'acqua; adesso è il momento di asciugarle con l'asciugamano: guarda come sono belle pulite".*

Molti genitori pur esigendo che il bambino faccia da solo, per renderlo giustamente sempre più autonomo, ritengono inutile il commento verbale, soprattutto quando il bambino è in grado di svolgere da solo una qualsiasi attività.

L'autonomia del bambino è allora utilizzata dal genitore per dedicarsi a svolgere, in contemporanea, attività alternative. In questo modo egli perde eccellenti occasioni di far crescere la competenza linguistica del figlio, facendogli legare con precisione le parole ai pensieri attivati in quel preciso momento, grazie all'impegno in comportamenti autonomi.

Capita, invece più frequentemente, che il genitore commenti le proprie azioni, mentre il bambino osserva. In questo modo il linguaggio dell'adulto lo aiuta a focalizzare l'attenzione sul ***come si fa***, ma ha minore pregnanza nell'insegnargli il ***come si dice***, dato che la lingua parlata non può legarsi a pensieri attivati. Comunque, anche questo tipo di commento, se ripetuto, e soprattutto se legato ai tentativi del piccolo di impegnarsi nella stessa azione, può dare buoni risultati sia nel fare, sia nel dire.

Imparare è un processo passivo o attivo?

Per lungo tempo si è pensato che educare o insegnare fosse un processo attivo per l'adulto che educa o insegna, ma passivo per i bambini, che nascono con una mente simile ad un vaso vuoto, da riempire di conoscenze. L'apprendimento è invece un processo molto attivo soprattutto per i bambini piccoli, che hanno tante cose da imparare e che, nel momento in cui apprendono, devono eseguire all'interno della propria mente un intenso lavorio, per la costruzione della propria mappa cognitiva.

L'apprendimento pratico, relativo a competenze motorie

(*andare in bicicletta*), visive (*disegnare*) o uditive (*cantare*) è sempre attivo, sia per chi insegna, sia per chi impara. È in genere lento, con differenze fra un bambino e l'altro relativamente al tempo richiesto per stabilirne l'automatizzazione, ma i suoi risultati sono sempre sicuri, stabili e facilmente verificabili anche da persone diverse.

Quando l'adulto crede di insegnare usando solo parole e frasi, ma senza un riferimento pratico, l'insegnamento, che è attivo per l'adulto, viene subìto passivamente dai bambini. Ciò avviene quando sono costretti ad imparare a memoria definizioni, fatti o procedure, espressi in forma verbale, ma senza collegare il verbale a dati concreti e, di conseguenza, senza poterli fare propri, accomodando le loro strutture mentali a quanto si vorrebbe che essi imparino.

Il bagaglio di nozioni verbali memorizzate, ma non fatte proprie, diventa allora ogni anno più vasto e complesso da gestire. Sarà difficile a un certo punto recuperare nozioni mandate a memoria solo verbalmente, mal collegate alle proprie esperienze pratiche e poco concettualizzate.

Data l'importanza che si attribuisce giustamente al pensiero logico, genitori e educatori sentono l'esigenza di anticiparlo il più possibile per i bambini di cui hanno cura. Ma bisogna stare attenti: per favorire il pensiero logico in modo del tutto spontaneo e naturale, è indispensabile impegnare i bambini durante i primi anni della loro vita nella costruzione di una ***solida e ampia base di pensiero pratico***, preoccupandosi unicamente di far collegare i pensieri pratici, così costruiti, con la loro precisa codifica linguistica.

COME SI PUÒ RENDERE ATTIVO ANCHE L'APPRENDIMENTO MEDIATO DAL LINGUAGGIO?

Per rendere attivo anche l'insegnamento mediato dal linguaggio, bisogna che i bambini si accorgano dei vuoti nelle loro conoscenze, dei problemi posti dal loro non sapere. Un modo semplice per far accorgere i bambini dell'esistenza di lacune nelle loro conoscenze è porre loro domande su cosa conoscono di un dato argomento, meglio ancora se si coinvolgono direttamente nell'azione creando una situazione problematica concreta *(come possiamo far crescere i fiori sul davanzale? come preparare una buona merenda?).* Solo dopo che il problema è stato sentito e fatto proprio, la mente, anche quella infantile, si mette in movimento per cercare una soluzione.

Perché i bambini si mettano a pensare, è indispensabile che sentano il problema come proprio, abbiano l'opportunità di fare domande per sapere e di impegnarsi nella ricerca di risposte adeguate.

Nell'apprendimento attivo si devono evocare tentativi di soluzione grazie a ciò che già si conosce, in modo da predisporre all'interno della propria mappa cognitiva lo spazio e i punti di connessione per la conoscenza nuova. ***Solo chi partecipa e parla, pensa e impara a pensare.***

L'educazione è una forma d'arricchimento: l'arricchimento delle proprie capacità e conoscenze. Come tutti gli arricchimenti, genera sempre un senso di piacere. Se ne ha la riprova nell'impegno e nel piacere che ogni bambino prova nell'espandere il controllo del suo corpo nel movimento sempre più raffinato ed economico, quando impara a nuotare, ad andare in bicicletta, a giocare al pallone. Tutte attività faticose ma dalle quali difficilmente si distacca. Allora come mai l'arricchimento intellettuale, proposto dalla scuola, finisce spesso col generare nei bambini un senso di fatica, invece del piacere connesso all'arricchimento delle conoscenze? Sembrerebbe un controsenso.

Capitolo 3
Come Funziona la Mente: Sviluppo, Costruzione, Intelligenza

Per capire meglio cosa si debba intendere con la parola ***educazione*** vale la pena di riflettere un momento su un'altra parola molto usata quando si parla di bambini: la parola sviluppo. Si sente continuamente parlare di sviluppo: ***sviluppo fisico, sviluppo cognitivo, sviluppo del linguaggio***: tuttavia questo termine, apparentemente lo stesso, non ha sempre il medesimo significato.

È ormai conoscenza condivisa il fatto che tutti gli organismi viventi dipendono per la loro formazione fisica dal patrimonio genetico e dalla forza generatrice contenuta nel ***corredo cromosomico***, ereditato al concepimento: il proprio DNA. Grazie al DNA tutto il mondo vivente si riproduce, cresce, si modifica e, in una parola, si sviluppa. Da piccolissimi semi si sviluppano grandi varietà di piante; grazie alle tappe evolutive scandite dal DNA, animali e uomini appena nati cresceranno, si modificheranno fisicamente, andranno incontro alla maturazione sessuale per divenire adulti.

Dato che siamo circondati da infiniti organismi viventi, sui quali è facile osservare questi continui evidenti cambiamenti fisici, è naturale che si tenda a ritenere che tutto sia pilotato dalla forza del codice genetico in funzione del tempo, considerando irrilevante l'apporto da parte dell'ambiente, poiché questo dovrà essere sempre lo stesso, cioè limitato a nutrire, idratare, proteggere e curare.

Attribuire allo sviluppo i cambiamenti che avvengono nei bambini va generalmente bene per lo sviluppo fisico e per l'aspetto somatico; ma c'è una piccola e importantissima parte che non vi va soggetta, anzi che addirittura ribalta i rapporti fra l'azione dei geni ereditati da un lato, e l'apporto dell'ambiente dall'altro.

Si tratta dei comportamenti che ogni bambino esibisce, e che derivano dal suo continuo processo di apprendimento: ***comportamenti e conoscenze, che sono i prodotti dell'attività costruttiva del suo sistema nervoso centrale*** *(SNC)*.

Per questi prodotti dell'attività mentale il rapporto fra geni ereditati e ambiente in pratica si inverte. Il DNA non è più quello che determina le tappe, ma si limita soltanto a fornire delle tendenze iniziali. Sarà invece l'ambiente il maggiore responsabile della costruzione mentale, capace di inibire o di esaltare queste tendenze, garantendo la formazione nel bambino di circuiti nervosi sempre più complessi. È l'ambiente che potrà favorire l'arricchimento e l'integrazione di tali circuiti, con:

- i ***modelli*** e le ***opportunità*** di imitarli offerte al piccolo;
- gli ***strumenti*** che gli verranno presentati;
- il ***tempo*** concesso per l'esercizio;
- gli ***incoraggiamenti*** forniti.

Allora i geni non contano più?

Contano, sarebbe assurdo negarlo. Però, i geni non sono onnipotenti, e non potranno guidare che parzialmente l'evoluzione dei prodotti dell'attività mentale. L'eredità genetica, nel caso del funzionamento mentale, può essere paragonata all'eredità di un capitale monetario: è fondamentale l'uso che ne sarà fatto. Chi lo riceve potrà farlo fruttare o dissiparlo, secondo l'operato più o meno efficace di chi ne guida l'impiego.

La responsabilità di esaltare, inibire, mitigare, arricchire le tendenze iniziali, insite nel DNA, ricade sull'ambiente educativo, soprattutto su quello che opera nei primi anni, quando il bambino è più piccolo e il suo sistema nervoso centrale, ossia la mente, è più plastico e più disponibile ad operare la sua costruzione.

Considerare i prodotti mentali come ***costruzioni*** che il bambino dovrà fare, e non come conseguenze inevitabili dello sviluppo, significa dare minor peso ai geni, ereditati col concepimento, e un peso molto maggiore da un lato all'attività mentale, dall'altro all'influenza del contesto, cioè ai modelli e alle opportunità offerte dall'ambiente.

Certamente i geni sono portatori di tendenze, ma queste sono altamente influenzabili e modificabili, nel bene e nel male.

CHE COSA CONSENTE A OGNI BAMBINO DI OPERARE LA COSTRUZIONE DEL SUO ELABORATORE MENTALE?

È quella che comunemente è chiamata ***intelligenza***. L'intelligenza, secondo la brillante definizione di Ceccato, è la capacità della mente di ***formare rapidamente associazioni*** fra circuiti di neuroni. Questi circuiti neuronali sottendono tutti i pensieri, tutti i comportamenti più o meno adattati, e tutte le conoscenze possedute da ogni individuo.

L'intelligenza, dopo aver costruito ed elaborato i circuiti nervosi, che corrispondono ai comportamenti, è anche in grado di ***renderli attivi***, cioè di evocarli con rapidità e accuratezza per tentare di risolvere un problema inatteso. Ad esempio, fermarsi per aggirare un ostacolo; lanciare una palla con la forza giusta in funzione della distanza; capire come una forma tonda o quadrata corrisponda al suo alloggiamento; o come far corrispondere ogni scarpa al piede destro o a quello sinistro.

Le associazioni fra circuiti nervosi possono essere formate nell'ambito di una stessa area, ad esempio associazioni di movimento per realizzare un comportamento complesso come correre, lavarsi, saltare; oppure fra aree diverse, ad esempio nell'area visuo/motoria col disegno, o nell'area uditivo/motoria con la danza.

L'intelligenza s'identifica con la capacità e con il modo di operare della mente. L'intelligenza non può essere osservata direttamente, ma soltanto inferita, ossia supposta, attraverso la comparsa di comportamenti più o meno adattati, cioè attraverso i prodotti della sua attività. Anche i cosiddetti "test d'intelligenza" non misurano mai l'intelligenza, ma solo un numero limitato dei suoi prodotti, cioè di quei comportamenti, che in genere tendono a comparire nella maggioranza dei bambini di una certa età, nell'ambito di una determinata cultura; in particolare i comportamenti ritenuti utili nella nostra società occidentale.

Come opera l'intelligenza?

Uno studioso americano, Howard Gardner, ha formulato un'interessante teoria, detta delle ***intelligenze multiple***, secondo la quale i circuiti neuronali utili tendono a concentrarsi in specifiche aree cerebrali, ove si formano e depositano particolari tipi di contenuti mentali. In realtà l'intelligenza, intesa come la capacità di formare circuiti neuronali è unica, e sempre la stessa. Sono invece differenti e specifici i vari circuiti costruiti, ossia i prodotti dell'operare mentale.

Gardner individua almeno sette forme di intelligenza, le cui potenzialità si rinforzano con la reciproca integrazione. Si ha così:

- l'intelligenza ***corporeo-cinestesica*** legata alle abilità motorie; è l'intelligenza di chi sa usare in modo ottimale il proprio corpo, come i campioni sportivi, gli acrobati, gli equilibristi; o parti del proprio corpo, quali occhi e mani, come gli orologiai, i chirurghi…
- l'intelligenza ***spaziale*** legata alle abilità visive; è l'intelligenza prevalente degli artigiani e degli artisti nel campo delle arti figurative: come pittori, scultori, architetti…
- l'intelligenza ***musicale*** legata alle abilità uditive e ritmiche; è l'intelligenza raggiunta dai compositori di musica e dagli interpreti: strumentisti e virtuosi.

Queste tre intelligenze, che organizzano in comportamenti sempre più complessi l'esperienza fornita da sensori diffusi nei muscoli e nelle articolazioni, o raggruppati in specifici organi di senso quali occhio e orecchio, contribuiscono alla formazione di quello che si può chiamare il ***pensiero***.

A queste prime tre si aggiungono due forme d'intelligenza di tipo più generale che, intersecando trasversalmente tutte le altre, sollecitano e motivano il bambino nella formazione del pensiero:

- l'intelligenza ***interpersonale***, legata ai rapporti affettivi che il bambino riesce a stabilire con le persone che lo accudiscono, che riflette la sua capacità di mettersi in relazione con gli altri, e di assumere responsabilità sociali;
- l'intelligenza ***intrapersonale***, che riflette la capacità di osservare e valutare se stessi. Ogni bambino si vede e si valuta non in modo obbiettivo e autonomo, ma secondo come le persone e gli oggetti con cui relaziona gli rispecchiano la sua immagine. È da quest'intelligenza che si costruisce la ***fiducia in sé*** e l'***autostima***, motore essenziale della motivazione ad apprendere sempre di più, e a adattare sempre meglio il proprio comportamento. Queste due forme d'intelligenza sono coinvolte nella costruzione del ***sé*** individuale, ossia il concetto di essere una ***persona*** indipendente ed autonoma.

E poiché l'uomo è dotato, oltre che della capacità di pensare, anche della capacità di parlare, egli può sviluppare:

- l'intelligenza ***linguistica***, che consente di apprendere ed usare simboli di vario tipo, e in particolare quelli della lingua, al posto dei pensieri e delle conoscenze pratiche, in modo da usare il linguaggio al posto dell'azione diretta e, di conseguenza, raggiungere
- l'intelligenza ***logica***, per riflettere, ragionare, risolvere problemi, prevedere, valutare nel modo più efficace ed efficiente.

Le prime cinque forme d'intelligenza hanno prevalentemente a che vedere con l'uso economico del proprio corpo, e con l'adattamento all'ambiente fisico e sociale. Sono quelle esercitate più a lungo dalla maggior parte delle popolazioni, che hanno portato ai notevoli risultati raggiunti nell'ambito dell'agricoltura, dell'artigianato, dello sport, e delle arti figurative e musicali.

Questi risultati, legati alla spontaneità dell'azione e alla concretezza dei dati, vengono a costituire quello che in termini generali si può chiamare il ***pensiero pratico***. Il pensiero pratico consiste in comportamenti osservabili, su cui è facile concordare da parte di più osservatori; ad esempio, se un bambino sa mangiare con cucchiaio e forchetta; se sa disegnare; se sa andare in bicicletta...

L'intelligenza linguistica si riferisce all'acquisizione e all'uso della lingua, prima orale e poi anche scritta. Ma poiché la lingua codifica e veicola i significati solo se ben associata al pensiero, la costruzione di quest'intelligenza rappresenta senz'altro una tappa successiva alle precedenti.

Ogni bambino costruisce in questo modo una mappa cognitiva unitaria, anche se costituita da sottomappe; ogni sottomappa corrisponde ad una delle diverse intelligenze, ma tutte devono assolutamente essere ben integrate fra loro.

La presenza di sottomappe è utile per il recupero rapido d'informazioni specifiche: motorie, visive o linguistiche. L'integrazione fra tutte le sottomappe è indispensabile, perché la mappa globale risulti sempre unitaria, e al suo interno non contenga dati in contraddizione fra loro. L'integrazione avviene quando i bambini collegano ogni conoscenza nuova mediante connessioni pratiche con l'azione diretta, oppure verbali e logiche grazie all'uso del linguaggio.

Tutti i prodotti delle diverse intelligenze devono essere costruiti dai bambini, in modo da poterli integrare bene fra loro. Se anche una sola di queste intelligenze non è ben costruita come potranno i suoi prodotti essere ben integrati con quelli delle altre? Nella costruzione della mappa cognitiva globale si avrà uno squilibrio.

Il pensiero pratico rappresenta il terreno fertile di base, al quale potrà associarsi la lingua e dare origine al ***pensiero logico***. Il pensiero logico, derivato dall'integrazione fra il pensiero pratico e il linguaggio, comporterà il paragone, la riflessione e la valutazione delle azioni e delle relazioni fra azioni, delle asserzioni e delle relazioni fra asserzioni. Il pensiero logico sarà il nucleo centrale di tutta la futura istruzione scolastica.

COME POSSONO I GENITORI AIUTARE IL BAMBINO A ESEGUIRE LA PIÙ EFFICACE COSTRUZIONE DELLA PROPRIA MENTE?

Ogni bambino alla nascita possiede nel suo SNC tutte le intelligenze, ma dovrà impegnarsi ad arricchirle con la propria attività e con le proprie esperienze. Egli dovrebbe trovare in famiglia ampie opportunità per essere facilitato in questo compito.

La famiglia assume un'importanza fondamentale per aiutare il bambino a costruire attivamente tutte le intelligenze. Queste, opportunamente raggruppate, andranno a costituire le tre fondamentali strutture della mente: ***il pensiero, il linguaggio e il sé***.

In particolare, sono questi tre prodotti della mente che generalmente i genitori attribuiscono esclusivamente all'azione dei geni e quindi allo sviluppo, mentre invece è più opportuno considerarli come costruzioni dell'attività mentale del SNC, frutto delle continue e varie opportunità che gli sono offerte dal contesto familiare (v. p. 40).

I genitori possono e debbono guidare i propri figli a costruire tutte le intelligenze in modo corretto, procurando di fornire loro:

- oggetti e strumenti della vita quotidiana;
- opportunità di maneggiarli con successo;
- soprattutto tempo necessario a far proprio il loro uso, e incoraggiamento per perseverare nell'esercitarsi. Ciò corrisponde a fare effettuare costruzioni mentali stabili e a renderle bene integrate.

Ogni bambino avrà bisogni diversi, dimostrando, in base alle tendenze ereditate, orientamenti e preferenze per intelligenze diverse. I genitori devono però sempre aiutarlo a ***costruirle tutte***, iniziando da quelle più concrete e pratiche, per passare poi a quelle linguistiche più astratte. Solo così sapranno facilitargli il percorso verso il successo, prima nella scuola e poi nella vita, vedendo realizzate le loro aspettative.

Se i bambini invece sono lasciati a loro stessi, e non guidati in questo senso, possono formare costruzioni mentali disarmoniche, privilegiando alcuni settori ed ignorandone altri. Ciò potrà creare loro difficoltà nei tempi futuri, poiché interferiranno con gli apprendimenti scolastici e richiederanno tempo e fatica per essere contrastate e neutralizzate.

I genitori hanno quindi il compito di favorire nei loro figli:

- l'arricchimento selettivo del ***pensiero***, con l'acquisizione di comportamenti pratici, giudicati utili ed economici;
- l'apprendimento della ***lingua materna*** e come usarla con efficacia;
- la formazione di un ***sé positivo***, cioè il modo in cui i bambini tenderanno a considerarsi e a darsi più o meno valore.

Vale la pena capire meglio a cosa si riferiscono queste tre importanti costruzioni mentali.

Cosa s'intende per pensiero?

Il pensiero è la raccolta organizzata d'informazioni utili, ottenute con esperienze dirette nell'ambito delle tre intelligenze: motoria, spaziale e musicale. Il bambino seleziona e organizza le sue attività, guidato da criteri emotivi legati al piacere ed al successo riportato, quindi le elabora con l'azione diretta e le fissa in memoria.

Quando il bambino inizia per la prima volta un'attività, o s'imbatte in una nuova conoscenza, la immagazzina a livello percettivo, come ***percetto***. Ogni percetto diventerà ***concetto*** con l'elaborazione, cioè con il suo arricchimento, grazie ad ulteriori incontri, manipolazioni, osservazioni. L'elaborazione si riferisce all'associazione di dati e insiemi di dati, al loro continuo arricchimento, al loro ordinamento in sequenze, al collegamento con esperienze simili formando strutture sempre più articolate, i concetti.

Il bambino che sale per la prima volta su una bicicletta forma un percetto; più andrà in bicicletta, più elaborerà e perfezionerà la procedura, fino a riuscire ad andarci senza toccare il manubrio o ad eseguire percorsi di ciclocross. Allo stesso modo il bambino che sente il nome dei numeri mentre sale le scale o vede diversi oggetti, forma il percetto del numero; egli lo porterà nella sua mente a scuola, dove potrà arricchirlo con l'istruzione fino a formare il concetto di numero e una sua ulteriore elaborazione con il calcolo aritmetico.

I bambini non possono assorbire concetti già elaborati; possono solo incontrare cose nuove (percetti) e arricchirle di dettagli e relazioni per farle diventare concetti. Ogni concetto può arricchirsi ulteriormente, divenendo sempre più sicuro, evocabile, utilizzabile. Più qualsiasi cosa appresa è elaborata, ossia arricchita di dati ulteriori, più diviene concettualizzata. Più un apprendimento è elaborato e concettualizzato più sarà facilmente recuperato e utilizzato se necessario.

Attraverso la partecipazione e l'imitazione, i bambini hanno modo di sviluppare le loro capacità pratiche, organizzandole in insiemi ben strutturati. Molte situazioni sono esercitate e fissate sia col gioco motorio solo corporeo *(salti, capriole*) o con attrezzi (*palla, bicicletta*), sia con il gioco simbolico con bambole, macchinine o altro materiale miniaturizzato, che fa assumere e riprodurre ruoli sociali, già osservati nel contesto ambientale. Il gioco motorio dipenderà dal tipo di oggetti che saranno forniti dall'ambiente; il gioco simbolico fornisce informazioni su ciò che i bambini conoscono del proprio ambiente sociale e dei ruoli svolti dalle persone che li circondano.

L'educazione pratica è osservabile nel mondo animale più evoluto, sia nelle specie studiate in natura, sia negli animali domestici; è riservata anche ai piccoli dell'uomo nei primi anni di vita e, in alcune culture primitive, resta l'unica forma di educazione; essa non è mai imposta né è specificamente verificata.

In che modo i bambini possono elaborare le proprie conoscenze?

Due sono i modi per elaborare e arricchire il pensiero: l'***esperienza pratica*** diretta, e le informazioni ricevute con il ***linguaggio***.

L'elaborazione che si ottiene con l'azione diretta porta alla raccolta di dati sicuri ma è lenta; quella attraverso l'espressione verbale è rapida ma molto meno sicura, se mancano dati percettivi di riferimento, atti a supportarla.

È per questa ragione che il bambino sarà in grado di espandere e arricchire i suoi concetti con il linguaggio, soltanto dal momento in cui abbia costruito un sufficiente collegamento fra il pensiero e la sua lingua materna, oltre ad essere in grado di usare la lingua al posto dell'esperienza diretta: quindi soprattutto a partire dallo stadio delle operazioni concrete, intorno agli otto anni.

Durante tutti i primi anni di vita l'arricchimento dei concetti avviene prevalentemente attraverso il ***fare***, con l'azione e l'esperienza diretta, piuttosto che attraverso il ***dire***, con l'ascolto e la parola.

L'azione diretta, la manipolazione, soprattutto se tesa alla trasformazione di materiali e oggetti, è la modalità indispensabile da seguire con i bambini piccoli, ma anche nella scuola primaria tutte le volte che si affronta un argomento nuovo.

A mano a mano che il linguaggio si rafforza e si espande, potrà essere anche efficacemente usato ai fini della concettualizzazione dei vari argomenti. Quando il pensiero poi sarà giunto allo stadio formale, l'appoggio all'azione diretta potrà essere trascurato e rimpiazzato da esempi verbali.

Quando un concetto raggiunge una notevole elaborazione, può essere paragonato con altri per apprezzare somiglianze e analogie e per individuare, al suo interno, strutture organizzative, dette ***schemi***, ad esempio lo schema dell'addizione, lo schema di un racconto. L'associazione di molti schemi porta alla formazione di ***sistemi*** e alla sistematizzazione di un dato argomento, all'interno del pensiero; ad esempio la sistematizzazione dei numeri e delle operazioni aritmetiche.

Con la sistematizzazione di vari argomenti si raggiunge la cosiddetta ***generalizzazione*** concettuale, che consente la massima transitività e flessibilità nell'uso delle strutture di pensiero, e che è alla base del pensiero logico formale.

Questo progressivo processo di elaborazione del pensiero dà origine alla comparsa di comportamenti osservabili sempre più adattati e intelligenti.

Come può il bambino evocare e usare i pensieri che ha costruito?

Con il passare del tempo, la mappa cognitiva è sempre più ricca di conoscenze e di pensieri fittamente collegati fra loro. Se i pensieri fossero sempre attivi, più s'impara, maggiore sarebbe la confusione all'interno della mente.

Il SNC è però costruito in modo che tutte le conoscenze restino in uno stato di perenne quiete all'interno della mappa cognitiva globale, detta ***memoria a lungo termine***.

Al momento in cui servono, tuttavia, i pensieri necessari sono evocati con tutte le loro connessioni, e ***resi attivi***, ossia posti nella ***memoria di lavoro***, finché servono. La memoria di lavoro è una memoria a breve termine, nella quale sono depositati dati percettivi o linguistici per il tempo necessario al loro uso o alla loro elaborazione.

Appena questi dati non servono più sono riportati allo stato di quiete. Ad esempio, se una signora si appresta ad uscire rende attivi i pensieri relativi ad indossare cappotto e guanti; poi li rinvia a riposo e attiva quelli relativi a come aprire e chiudere la porta di casa, a scendere le scale, a riconoscere la propria automobile e a salirvi sopra; quindi a mettere in moto e a dirigersi al supermercato, sempre rinviando a riposo i pensieri precedenti e rendendo attivi i seguenti.

Anche il bambino piccolo usa i pensieri nello stesso modo. Naturalmente, poiché le connessioni che arricchiscono i suoi pensieri sono minori rispetto a quelle di un adulto, talvolta la serie di pensieri evocati può generare comportamenti meno completi ed efficaci. Più il bambino diventa autonomo, maggiore è il numero dei pensieri collegati fra loro che possono essere evocati in sequenza. In tal modo, i suoi comportamenti appaiono sempre più precisi, economici, fluenti. Migliori risultati si ottengono quando i pensieri vengono anche associati e controllati mediante il linguaggio.

Cosa s'intende per linguaggio?

Tutti i neonati nascono con due capacità, ereditate geneticamente dai genitori: la capacità di costruire ed elaborare il pensiero, appena discussa, e la capacità di ***linguaggio***, o capacità di ***codificare il proprio pensiero***.

Codificare significa rendere il proprio pensiero equivalente a sequenze sonore convenzionali: le parole e le frasi di una ***lingua***. Grazie a questa capacità, tipicamente umana, il pensiero, che altrimenti sarebbe costretto a rimanere all'interno della mente, può essere proiettato all'esterno, per essere condiviso con altre persone e messo in comune, cioè comunicato.

Tutti i bambini nascono con la doppia capacità di pensare e di codificare il loro pensiero. Tuttavia, mentre saranno in grado di realizzare automaticamente la capacità di pensare, attraverso la loro azione e la loro esperienza diretta, potranno attivare la capacità di codificare il proprio pensiero soltanto grazie all'***apprendimento di una lingua***, di uno dei tanti codici, che i vari gruppi etnici sono andati approntando nel corso dell'evoluzione umana sul nostro pianeta.

Così, poco dopo l'avvio della costruzione del pensiero, il bambino attiverà anche la sua capacità di linguaggio, ***iniziando dalla comprensione*** della lingua che sente parlare attorno a sé. A mano a mano che la codifica è resa automatica, immediata e senza sforzo, il passaggio dal linguaggio al pensiero e viceversa è reso sempre più agevole e rapido.

MA IL LINGUAGGIO NON È EREDITATO GENETICAMENTE?

Il linguaggio fa sicuramente parte del corredo di capacità tipiche della specie umana e, in quanto tale, ogni bambino lo eredita col patrimonio genetico, come eredita la capacità di costruirsi pensieri in base alla sua capacità di agire.

Quello che è ereditato col DNA, tuttavia, è ***soltanto la capacità della mente di codificare*** il proprio pensiero, cioè di associare i propri contenuti mentali a specifiche e precise catene di suoni, rendendoli equivalenti alle parole e alle frasi di una data lingua.

Tutti i bambini ereditano la capacità di codificare il proprio pensiero; ma per attivare questa capacità ereditata, dovranno imparare una lingua. La lingua che ogni bambino imparerà è quella parlata dalla famiglia in cui è nato: la sua ***lingua materna***.

Se il bambino dovrà imparare la sua lingua materna, qualcuno dovrà pure insegnarla. Dato che la massima disponibilità per l'apprendimento della lingua parlata si ha nei primi anni di vita, sono i genitori, o coloro che si sono assunti la cura del piccolo, i responsabili del primo insegnamento. Quest'insegnamento avviene generalmente in modo del tutto ***informale*** e spontaneo, quasi inconsapevole, sia da parte di chi impara, sia anche da parte di chi insegna.

L'attivazione della capacità di linguaggio, con il graduale apprendimento della lingua materna, si basa all'inizio su aspetti di maturazione neurologica, ma resta prevalentemente un fenomeno di natura psicologica. Infatti, richiede la presenza di adulti empatici e soprattutto della loro costante interazione affettiva con il piccolo. A riprova di ciò sta il ritardo nella sua comparsa e nel suo uso in casi di abbandono prolungato dei bambini nei primi anni di vita.

I genitori, e gli altri componenti del nucleo familiare, devono rendersi conto della loro responsabilità nel facilitare al bambino il compito di acquisire a fondo e correttamente la lingua materna.

La mente del bambino piccolo s'impegna agevolmente

nell'apprendere la lingua, data la sua massima disponibilità per questo compito nei primi anni, tanto da fare apparire questa conquista, quasi come inevitabile frutto dello sviluppo, allo stesso modo dello sviluppo somatico, della crescita di denti e capelli, dell'acquisizione della postura eretta e della deambulazione. Così ogni genitore si aspetta che il figlio parli grazie allo sviluppo, senza rendersi conto che, invece, è sua la responsabilità a questo proposito.

Come fa il bambino ad imparare la lingua materna?

Il bambino nei suoi primi anni di vita apprende gradualmente la lingua, nei suoi aspetti formali. Oggetto di quest'apprendimento sono le particolari strutture che si ritrovano in tutte le lingue:

- la ***fonologia***, cioè i suoni scelti e utilizzati da chi parla una data lingua, detti fonemi, e come combinarli fra loro per formare sillabe e parole;
- il ***lessico*** o vocabolario, cioè l'insieme delle parole che compongono ogni lingua;
- la ***sintassi***, cioè l'insieme delle regole per combinare le parole in frasi e le frasi in discorsi.

Il bambino che impara a parlare impara simultaneamente diversi processi. Deve imparare la pronuncia dei suoni della lingua materna, delle loro combinazioni per formare sillabe, e poi combinare le sillabe per formare parole.

All'inizio il bambino dispone solo di pochi suoni: le vocali e alcune consonanti più facili da articolare, come le labiali **/p/b/m/**, che derivano dall'abitudine a stringere le labbra attorno al capezzolo o al biberon per nutrirsi.

Alle prime sillabe ripetute *"ma-ma", "pa-pa"* sono gli adulti che assegneranno i primi significati. Contemporaneamente il bambino andrà costruendosi il primo nucleo di parole, da associare alle persone e agli oggetti quotidiani che maggiormente lo interessano e che, associandovi gesti e modificando l'intonazione, pronuncerà con funzione di frasi. Ad esempio, griderà *"mamma"* per chiamarla in aiuto o pronuncerà la stessa parola per indicare la borsetta della madre.

Un'importante conquista sarà la combinazione di due parole per formare le prime frasi contratte che, come nel caso precedente, potranno essere interpretate significativamente grazie ai gesti, agli sguardi, all'intonazione.

Verso i tre anni la maggior parte dei bambini avrà raggiunto la corretta pronuncia della maggior parte dei suoni della lingua materna, sarà in possesso di un ampio vocabolario di parole legate al proprio pensiero, che saprà combinare fra loro per formare frasi secondo le regole della sintassi, per svolgere usi sociali.

Pronuncia e sintassi hanno dei limiti alla loro acquisizione: la pronuncia si assesterà verso i sette/otto anni, contemporaneamente all'eruzione della seconda dentizione; la sintassi verso i dodici anni, e il suo espandersi dipenderà dall'accesso al discorso e al pensiero formale, conseguente alla scolarizzazione. Il vocabolario e gli usi della lingua, invece, non pongono limiti al loro ampliamento e continueranno ad espandersi per tutta la vita.

La capacità di pronuncia è resa possibile grazie alla formazione di un servomeccanismo all'interno del SNC, chiamato Centro di Broca. Questo servomeccanismo consente al bambino, come a tutti i parlanti del resto, di eseguire con precisione le numerose e continue sequenze di posture articolatorie, corrispondenti al passaggio da un suono all'altro, in modo automatico, senza doverci minimamente pensare, lasciando libera l'attenzione di concentrarsi sui significati, ossia su quello che si vuole dire.

L'apprendimento delle regole grammaticali e sintattiche della propria lingua avviene all'inizio in modo informale, basato sull'imitazione di chi già parla. L'evoluzione della forma corretta dipenderà dall'ampliamento delle funzioni del linguaggio, e soprattutto dalla diversificazione degli usi cognitivi, in particolare di quelli che il bambino ritroverà nella forma scritta.

A COSA SERVE IL LINGUAGGIO?

Il linguaggio svolge numerose funzioni. La prima e fondamentale è quella ***semantica***, relativa ai significati, che si riferisce alla codifica, o connessione, sempre più precisa del linguaggio con il pensiero. Grazie a questa funzione, il bambino sarà in grado di collegare i propri pensieri alle sequenze sonore, che costituiscono le parole e le frasi della lingua materna.

Il collegamento ha molte probabilità di costituirsi, quando i pensieri del bambino, resi attivi con l'azione diretta, si ritrovano contigui nella memoria di lavoro con la relativa codifica verbale. Se il bambino, che sta mangiando una mela, sente come commento: *"buona la mela che stai mangiando..."* oppure *"hai dato un bel morso a questa mela rossa..."* è probabile che riesca a connettere i pensieri relativi alla mela, con la forma linguistica, fornita dal commento dell'adulto, grazie alla funzione semantica del linguaggio.

La seconda funzione è quella ***pragmatica***, che si riferisce ai numerosi scopi per i quali si usa la lingua. Tutti gli scopi, che gli individui perseguono usando il linguaggio, possono essere raccolti in due grandi gruppi:

- scopi interattivi o ***sociali***, legati agli scambi fra persone presenti;
- scopi ***cognitivi***, legati alla riflessione e all'apprendimento.

Da quando sono proferite le prime parole, la lingua si dimostra uno straordinario strumento sia di comunicazione, sia di apprendimento.

Ogni bambino all'inizio comunica con tutto il corpo, ricercando il contatto fisico con la madre. Poi comunica con la postura: si protende verso qualcosa che desidera o si ritrae da ciò che gli è sgradito. Successivamente comunica con la mimica: con il sorriso, con le smorfie e soprattutto con lo sguardo. Infine con i gesti, in particolare con il braccio proteso, con la mano aperta o con l'indice puntato verso ciò che desidera.

Grazie al linguaggio, il bambino diventa, infine, in grado

di ampliare il suo raggio di comunicazione, per segnalare desideri e commenti relativi a persone od oggetti lontani o non immediatamente presenti. Inoltre la codifica verbale aiuta il bambino ad orientare l'attenzione verso dettagli sempre più precisi, affinando la percezione.

Il linguaggio comprime le numerose informazioni percettive (visive, motorie, uditive), utilizzando molto meno spazio nel computer mentale. Grazie a ciò, esso consente una più rapida organizzazione e associazione dei contenuti mentali all'interno della mappa cognitiva individuale, facilitandone il recupero e sollecitando la riflessione.

Quali usi sono sociali e quali cognitivi?

Con le prime parole, il bambino si accorge di poter agire sugli altri, ampliando il raggio d'azione comunicativa di cui già dispone, utilizzando la comunicazione non verbale, fatta di posture, gesti, mimica. Il linguaggio gli consente di raggiungere e migliorare ulteriormente gli stessi scopi: può chiamare da lontano, può chiedere con successo anche cose non presenti.

Col linguaggio egli inizia così a svolgere ***usi sociali***: per ottenere ciò che desidera; per spingere gli adulti a compiacerlo; per protestare, aggredire o difendersi. Come l'azione diretta, anche questi atti linguistici, diretti ad interlocutori conosciuti e presenti, sono spontanei e gratificanti per il bambino, e quindi sono appresi del tutto spontaneamente.

Gli ***usi cognitivi*** del linguaggio, invece, non servono ad agire sugli altri, bensì a riflettere su ciò che si sta facendo, su ciò che si è fatto e che si è conosciuto, o a pianificare ciò che si farà. Sono usi cognitivi, ad esempio, *denominare, commentare, descrivere, raccontare, prevedere, ipotizzare, valutare*.

Gli usi cognitivi trasformano il bambino da attore in spettatore, l'abituano a staccarsi dal contesto immediato del qui e ora, a decontestualizzarsi, e nello stesso tempo lo spingono ad impadronirsi di un codice sempre più elaborato.

Sono usi meno spontanei di quelli sociali, ma possono essere insegnati anche precocemente attraverso l'uso che ne è fatto in famiglia. I genitori offrono il modello e, così facendo, ne mettono in risalto il valore. Sono gli usi indispensabili a condurre al pensiero logico, e al successo scolastico.

Il bambino apprende a combinare i vari elementi della forma linguistica mentre s'impegna nei vari usi del linguaggio, all'inizio esclusivamente in quelli sociali. Imparando a combinare i vari elementi della lingua, il bambino riesce non solo a riprodurre ciò che ha ascoltato, ma soprattutto a generare parole nuove e frasi originali, anche mai udite prima.

Egli espande così notevolmente il proprio vocabolario, che rappresenta il primo livello di combinatoria: combinare sillabe in precisa sequenza per formare ***parole***. Quindi, combinando le parole in precisa relazione fra loro per formare le ***frasi***, il bambino raggiunge felicemente il secondo livello di combinatoria.

Soltanto gli usi cognitivi, tuttavia, ed in particolare quelli della forma scritta, gli garantiranno l'acquisizione del terzo livello di combinatoria: la combinazione di frasi per formare ***discorsi***.

Nei discorsi molte frasi sono combinate in precisa relazione fra loro, per elaborare attorno ad un unico argomento. Il discorso cognitivo richiederà elementi linguistici poco usati negli usi sociali: le congiunzioni e i pronomi. Ma soprattutto, per poter raggiungere, anche solo in comprensione, quest'ultimo importante traguardo, il bambino dovrà abituarsi a fare ***inferenze***, cioè a inserire fra una frase e l'altra informazioni, ricavate dalle proprie conoscenze mentali.

Molti discorsi possono essere raggruppati in ***generi***; i principali sono:

- il ***narrativo***, con le fiabe, le leggende, le storie;
- l'***espositivo*** con le descrizioni, le spiegazioni e, in genere, con tutti gli argomenti delle discipline scolastiche, come geografia, storia, scienze fisiche e naturali;
- il ***poetico***: lirico, epico;
- il ***teatrale***: drammatico, tragico, comico.

Guidare i bambini a capire e creare discorsi secondo i vari

generi, sarà compito principale dell'istruzione scolastica.

La lingua materna potrà considerarsi sufficientemente appresa, e il linguaggio in grado di svolgere appieno la maggior parte delle sue funzioni, soltanto alla fine della scuola dell'obbligo.

Il sé

Contemporaneamente alla costruzione del pensiero e del linguaggio, emerge la costruzione del sé individuale, di come il bambino si vede e si valuta. Il sé, oltre ad integrare i due costrutti precedenti, pensiero e linguaggio, ne rappresenta l'aspetto motivante e propulsivo per continuare ad arricchirli.

Ogni bambino costruisce il proprio sé, anzi numerose immagini di sé, grazie a quelle che gli sono continuamente rispecchiate dagli adulti più importanti per lui, i genitori, ma anche dagli altri adulti della cerchia familiare, dai coetanei, dagli educatori e dagli insegnanti: da tutte le persone che frequenta.

Così, secondo come sarà valutato dagli altri, si costruirà un'immagine di sé capace (o incapace) di mangiare da solo, di lavarsi, di vestirsi, di parlare, e ciò del tutto indipendentemente dal modo in cui egli sappia, o non sappia, fare queste cose.

In tal modo, il bambino costruisce gradualmente il proprio sé, che potrà orientarsi, in senso positivo, verso la fiducia in sé, l'indipendenza, la curiosità; o viceversa, in senso negativo, verso la dipendenza, l'indifferenza, la sfiducia nelle proprie capacità.

Il ruolo dei genitori nella costruzione del sé del bambino è assolutamente decisivo, ed è fondamentale che essi lo sappiano. Più passa il tempo, meno sarà importante la dotazione genetica di partenza, le cui tendenze possono sempre essere contrastate e modificate, nel bene o nel male.

È importante a questo proposito che mamma e papà sappiano prestare un ascolto attento ai bisogni e ai desideri che il piccolo segnala, anche se giudicati di scarso valore dal punto di vista adulto.

Se il bambino si accorge che i genitori non danno mai importanza alle sue esigenze, si sentirà mortificato; se invece mamma e papà saranno felici di accogliere le sue richieste, anche banali, considerandole degne di ricevere la loro attenzione, si sentirà parimenti investito di valore.

Ciò non significa che egli vada sempre assecondato in tutte le sue richieste: sta ai genitori, dopo un ascolto attento, selezionare quei comportamenti in cui può essere utilmente coinvolto e quindi motivato a crescere.

Solo un sé forte, capace, convinto del proprio valore, spingerà il bambino ad affrontare, con fiducia, conoscenze sempre nuove, a motivarlo a continuare ad apprendere, ad impegnarsi con costanza nei compiti proposti dagli educatori. Alla fine, sarà egli stesso attento a proporsi attività nuove, in un circolo virtuoso, che lo condurrà ad usare al meglio le potenzialità della sua mente.

Le diverse intelligenze hanno tutte la stessa evoluzione e lo stesso valore?

No. Alcune intelligenze sono costruite molto presto, fin dalla nascita. Ad esempio l'intelligenza motoria, la cui evoluzione è ben nota e osservata durante il primo anno di vita, con tutte le conquiste che il bambino farà e che i genitori spiano con attenzione: la capacità di stare seduto, di gattonare, di alzarsi in piedi e poi di muovere i primi passi.

Contemporaneamente la mano riuscirà ad afferrare, trattenere, gettare, eseguire la pinza con pollice ed indice. Ulteriori conquiste saranno indotte secondo gli strumenti offerti: usare le posate per nutrirsi, scope e rastrelli per imitare l'adulto, carretti e tricicli per spostarsi, palloni per giocare.

I dati forniti dall'organo della vista danno il via alla costruzione dello ***spazio***: il neonato ha tuttavia bisogno di qualche mese per mettere a fuoco la visione ravvicinata, che si riconosce con la comparsa dello sguardo, diretto con intenzione verso un obiettivo. Il bambino passa poi gradatamente da una visione ravvicinata ad una più distanziata.

L'intelligenza spaziale si costruisce con l'associazione dei dati visivi, spesso insicuri, a quelli motori e tattili. L'associazione fra le due intelligenze, motoria e spaziale garantisce la maggior parte delle conquiste del primo anno di vita.

I dati uditivi sono elaborati molto precocemente dalla mente infantile, addirittura durante gli ultimi mesi della gravidanza, soprattutto per quanto riguarda la melodia, le intonazioni e il ritmo della voce della madre che parla.

Tuttavia, i dati uditivi sono più astratti di quelli motori e visivi e, quindi, la loro elaborazione è meno evidente nei primi anni. La loro importanza risiede soprattutto nel favorire l'apprendimento della lingua parlata. A partire dai quattro/cinque anni, inoltre, l'intelligenza uditiva rappresenterà la base per la costruzione della ***sequenza***, del ***tempo*** e del ***numero***.

Un'altra costruzione, che inizia dalla nascita, ancora più importante delle tre precedenti, è quella dell'intelligenza interpersonale, legata alla relazione che il piccolo stabilisce con la madre o con chi lo nutre e si prende cura di lui, ma che gradatamente estenderà agli altri membri della famiglia.

La ***relazione*** verrà stabilita prima con gli adulti, che in genere gli facilitano i compiti, andando incontro ai suoi bisogni; successivamente anche con gli altri bambini, con i quali però si instaura quasi sempre un processo di competizione, e la posta in palio è quasi sempre l'attenzione degli adulti.

Grazie alla costruzione di un numero sempre maggiore di relazioni affettive, il bambino inizia a costruire anche la propria intelligenza intrapersonale, a conoscersi come individuo indipendente e capace, a darsi un valore, rispecchiato da quello che gli attribuiscono i propri familiari, in pratica a costruire il sé individuale ed a formarsi come persona.

La costruzione delle due intelligenze personali, su cui si basa la formazione dell'***autostima*** è un processo più lento di quello relativo alla costruzione di tutte le altre intelligenze, dato che è totalmente pilotato dalle risposte del contesto ambientale. È una costruzione importantissima, perché è quella che dà origine alla motivazione a costruire tutte le altre intelligenze, e ad impegnarsi attivamente ad apprendere.

L'apprendimento della ***lingua parlata*** è guidata dall'intelligenza linguistica. Alcuni bambini imparano presto la lingua materna, altri più tardivamente, ma sempre entro il terzo anno di vita, dimostrando così una diversa disponibilità per questo tipo d'intelligenza.

Durante i primi anni, la lingua è, prevalentemente, ***oggetto*** di apprendimento, cioè qualcosa che il bambino deve soprattutto imparare a capire e ad usare. Tuttavia, già dal momento in cui il bambino articola le prime parole, il linguaggio mostra la sua grande importanza in quanto ***mezzo e strumento*** di approfondimento, in grado di facilitare la percezione, la memoria e l'arricchimento di tutte le altre intelligenze.

L'intelligenza linguistica, associata a quella visiva e motoria, consentirà più tardi l'accesso alla lingua scritta: forma più complessa ed elaborata dei quella orale. Infatti, mentre la parola orale simbolizza conoscenze e pensieri concreti, la lingua scritta simbolizza il già simbolizzato, cioè la lingua orale; questa doppia simbolizzazione richiede un impegno mentale maggiore, che si renderà disponibile soltanto verso i sei/sette anni di età.

L'intelligenza linguistica, con i suoi prodotti sia orali, sia soprattutto scritti, bene associata e integrata col pensiero pratico e, in particolare, con le costruzioni del numero e della sequenza, darà l'avvio alla costruzione tipicamente umana del pensiero logico.

L'intelligenza ***logica*** sarà l'ultima a comparire, ma sarà anche la più importante per guidare il ragazzo, l'adolescente, il giovane e futuro membro di una comunità umana, a svolgere la sua esistenza con serenità e successo.

Avere chiara la costruzione dei vari tipi d'intelligenza è importante perché aiuta a capire da dove cominciare e come graduare il compito educativo.

Che differenza c'è fra pensiero pratico e pensiero logico?

Nel ***pensiero pratico*** si apprende osservando che cosa va fatto e come va fatto, stando a contatto di chi è già esperto della materia: accanto al contadino o all'ortolano, nella bottega dell'artigiano, del pittore o dello scultore, frequentando la scuola di musica. Si è sempre fatto così per tutta l'era agricola, fin dall'antico neolitico.

Il bambino nei primi anni deve arricchire prevalentemente il suo pensiero con le tre intelligenze pratiche: motoria, spaziale, musicale, legate all'imitazione di adulti significativi. Il pensiero pratico fornisce dati sicuri: chiunque è in grado di apprezzare se un bambino sa andare in bicicletta, quanto sa saltare, se sa disegnare. Con il pensiero pratico si costruiscono significati sicuri, che daranno valore alle parole e alle frasi della lingua, grazie alla codifica linguistica.

Il bambino, crescendo, deve poi allontanarsi progressivamente dall'apprendimento pratico, guidato dall'azione, per orientarsi prevalentemente verso la riflessione sul mondo e sulle cose che lo compongono, mediante il confronto e la classificazione, l'ordinamento e la valutazione.

L'azione diretta e la dipendenza dagli aspetti percettivi deve gradatamente perdere di importanza, mentre ne assume sempre di più la sostituzione degli oggetti con le loro rappresentazioni simboliche e verbali, con il decentramento dal contesto immediato. L'azione diretta viene così gradatamente sostituita dalla rappresentazione mentale simbolica e dal linguaggio, con il ragionamento, la previsione, la valutazione.

Il pensiero logico, tuttavia, entrerà operativamente in funzione soltanto se, da un lato, il pensiero pratico avrà costituito una sufficiente base di esperienza sicura e se, dall'altro, lo strumento linguistico avrà raggiunto un adeguato ed armonioso sviluppo, creando un'ampia rete di connessioni con il pensiero.

Lo strumento indispensabile per ottenere il massimo dal ***pensiero logico*** è il linguaggio. È fondamentale quindi porre una chiara distinzione fra pensieri e apprendimenti nell'ambito del pensiero pratico, verificabili attraverso comportamenti e attività pratiche, e pensieri e apprendimenti nell'ambito del pensiero logico, verificabili solo attraverso il linguaggio e le risposte verbali.

Per quanto riguarda il pensiero pratico, è del tutto naturale che gli educatori tengano conto del fatto che il bambino non è un adulto, e ne rispettino i limiti fisici e fisiologici. Nessuno si sognerebbe di insegnare a un bambino ad andare in bicicletta facendolo salire su una bicicletta da adulto, ove non arrivi ai pedali, o a pretendere che esegua scalate in montagna al di fuori delle sue possibilità.

Per quanto invece riguarda il pensiero logico e il suo mediatore, il linguaggio, si tende invece troppo spesso a dare per scontato che basti saper usare parole e frasi nell'ambito della vita sociale, magari senza errori di pronuncia, per servirsene in tutto e per tutto anche per apprendere, allo stesso modo di un adulto. Questo non è assolutamente vero.

Il pensiero del bambino è in evoluzione verso la forma adulta, ma non è ancora a livello del pensiero dell'adulto. Così pure il suo linguaggio: apparentemente è composto con gli stessi suoni, le stesse parole, le stesse frasi; ma poiché il linguaggio codifica il pensiero e il pensiero è diverso, perché concreto e legato ad un'esperienza limitata, anche il linguaggio sarà concreto e limitato.

La differenza fra apprendimento pratico e logico risalta facilmente per analogia col sistema dei trasporti: sia una carrozza a cavalli, sia un jet sono mezzi per viaggiare, ma il mezzo moderno è certamente più potente e veloce. Per guidare la carrozza basta osservare le mosse del carrettiere; per guidare il jet non basta osservare le mosse del pilota, bisogna conoscere la teoria che sottende il volo e saper interpretare gli strumenti di bordo.

Come le autonomie personali e sociali sono il prerequisito indispensabile per il costituirsi del pensiero pratico, queste stesse autonomie diventano a loro volta prerequisiti del pensiero logico. L'autonomia logica che ne deriva, è la capacità di organizzare autonomamente sia le conoscenze ottenute con il linguaggio, sia le strategie cognitive e metacognitive, utili alla memorizzazione e all'evocazione dei contenuti mentali, per poterne disporre al momento opportuno ed operare su di essi all'interno della mente.

Senza alle spalle un nucleo ben organizzato di pensiero pratico, derivato dall'esperienza diretta e sicura, e senza la disponibilità di autonomie personali e sociali, il pensiero logico non potrà mai costituirsi in modo efficace.

È possibile applicare all'apprendimento infantile la ***legge di Haeckel***, che dice: *"l'ontogenesi ripercorre la filogenesi"*. Ciò vuol dire che l'organismo umano passa, nel brevissimo tempo di nove mesi, dallo stato unicellulare a quello pluricellulare, quindi di animale, prima acquatico nel ventre materno, poi capace di respirare quando nasce, quindi quadrupede quando gattona, infine bipede.

Anche il percorso educativo della mente infantile dovrà intraprendere, ripercorrere e ricalcare, in brevissimo tempo, il percorso svolto dall'umanità nell'accumulare conoscenze durante tanti millenni.

Nell'evoluzione della specie umana si osserva all'inizio il prevalere del pensiero pratico, con la costruzione dei primi strumenti di pietra, con il controllo del fuoco e delle prime coltivazioni. Il pensiero collettivo si è sempre più arricchito con la comparsa del linguaggio. Grazie all'uso della lingua, prima orale per scopi sociali, poi anche scritta a fini cognitivi, si è assistito ad un susseguirsi di progressi nella conquista dello spazio, nell'artigianato, nelle arti figurative e musicali, fino ad arrivare al momento attuale, di massimo impatto della logica, della filosofia, della scienza e della tecnica.

Allo stesso modo per un'efficace costruzione del suo elaboratore mentale, appare indispensabile che ogni bambino costruisca nei primi anni una solida base di pensiero pratico, oltre ad una completa acquisizione della forma linguistica, se si vuole che egli possa da giovane adulto padroneggiare il pensiero logico in tutta la sua potenza.

L'educazione scolastica, prevista dal mondo occidentale, ha messo al centro l'ambizioso progetto di fornire il pensiero logico al maggior numero di bambini. Tuttavia, perché la scuola possa raggiungere questo traguardo, è necessario che abbia l'appoggio indispensabile e la collaborazione attiva delle famiglie.

Collaborazione che non va intesa come ingerenza dei genitori nel gestire le discipline strettamente scolastiche, bensì come partecipazione attiva alle costruzioni fondamentali dei primi anni di vita, condividendo obiettivi, ma suddividendo rigorosamente i compiti.

In conclusione, per dare una risposta completa alla domanda posta all'inizio del primo capitolo: ***cosa dobbiamo intendere oggi per educazione***, è possibile precisare la definizione del dizionario e cioè: fornire precocemente al bambino il ***massimo di autonomia*** in tutti i campi.

Innanzitutto ***autonomia nel pensiero pratico***, guidando il piccolo a saper fare da solo e a conquistare la massima indipendenza nella vita quotidiana, per tutte le attività che lo concernono, ma anche per collaborare con gli altri, sia all'interno di ambienti chiusi e conosciuti, sia all'esterno.

Quindi ***autonomia nell'uso della lingua*** sia per scopi sociali, sia per usi cognitivi. Questi ultimi saranno coltivati in particolare in ambito scolastico, ma è opportuno ed utile che siano proposti come modello, e valorizzati precocemente, già all'interno della famiglia.

Infine ***l'autonomia nella gestione del sé***, intesa come conoscenza e controllo delle emozioni, come fiducia nella possibilità di confrontarsi con gli altri e con il mondo esterno, come crescita positiva, anche se lenta e graduale, della propria autostima.

L'autonomia emotiva è strettamente legata all'evoluzione delle due intelligenze personali: se ne possono porre le basi soltanto all'interno della famiglia, in quanto ambiente sociale minimo. Successivamente sarà ampliata e rafforzata in ambito scolastico, quale ambiente sociale, appena più allargato.

È l'***autonomia emotiva e morale*** che corona e guida la costruzione di tutte le altre, dando origine alla motivazione fiduciosa nella propria capacità di affrontare tutto ciò che è nuovo, nonché al rispetto dell'ordine e delle regole non imposte, ma accettate liberamente e per convinzione.

Parte Seconda

Come Aiutare in Pratica i Bambini a Coltivare le loro Intelligenze

Capitolo 4
I Primi Tre Anni in Famiglia

Il miglior contributo, che ogni genitore può dare al proprio figlio, è di guidarlo fin dai primi giorni di vita ad arricchire i nuclei delle sue diverse intelligenze. Ogni bambino ha sempre disponibili questi nuclei, perché li ha ereditati alla nascita.

Tuttavia se i genitori lasceranno al caso e allo spontaneismo l'opera di arricchimento costruttivo, non è affatto sicuro che il bambino saprà costruire con regolarità tutte le sue intelligenze. In genere, egli sarà portato ad arricchire solo quelle per le quali i suoi geni hanno una più spiccata tendenza, generalmente due o tre, al massimo quattro, trascurando le altre.

Quanto più il bambino sarà in grado di disporre di tutte le sue intelligenze, opportunamente arricchite e bene integrate fra loro, tanto più apparirà tranquillo, sereno e motivato a continuare ad apprendere.

Quando è bene cominciare a far costruire al bambino le sue intelligenze? E di quali è maggiormente responsabile la famiglia?

Il momento da cui cominciare a sollecitare l'opera costruttrice della mente infantile è presto detto: dal momento della nascita. Certamente anche il periodo della gravidanza contribuisce a garantire al futuro bambino un ambiente tranquillo e gradevole. In senso positivo possono operare con i loro consigli gli ostetrici: una sana alimentazione della madre e una vita serena, evitando fumo, alcool, droghe e soprattutto tenendo basso il volume dei rumori ambientali e del tono della voce.

Il bambino appena nato avvia subito le sue prime fondamentali costruzioni: in particolare quelle relative all'organizzazione delle proprie afferenze motorie, integrate con i dati delle altre intelligenze pratiche, che tenderanno a renderlo padrone dei suoi comportamenti intenzionali.

La famiglia è la prima responsabile del buon avvio delle due intelligenze personali. Queste sono intimamente connesse con il tipo di ***relazione***, che s'instaurerà fra il bambino e il gruppo di persone quotidianamente in contatto con lui.

Tutti i genitori in genere, salvo casi eccezionali, riescono istintivamente a stabilire subito uno stretto legame affettivo con il neonato. Il neonato non è ancora cosciente, probabilmente egli non sa ancora di essere separato dalla madre, ma è già in grado di "captare" e memorizzare le testimonianze di affetto materno dalle quali è circondato.

Successivamente il bambino allarga i suoi rapporti affettivi estendendoli agli altri membri della famiglia: al padre, eventuali fratelli più grandi, nonni e zii. Il legame con gli adulti è comprensibilmente più facile ad instaurarsi, dato che l'adulto è più disponibile a venire incontro ai desideri del bambino e, in genere, chiede poco o nulla in cambio.

Presto la relazione arriverà ad includere anche altri coetanei. Il rapporto con i coetanei appare leggermente più impegnativo per il piccolo, poiché è improntato alla competizione e richiederà un costo: perdere un poco del suo naturale egocentrismo per condividere con gli altri l'attenzione degli adulti, che egli tenderebbe a mantenere sempre tutta per sé.

La relazione con gli altri, adulti o coetanei, andrà modellandosi sugli esempi forniti dagli adulti significativi e sarà tanto più positiva, quanto più sarà improntata al rispetto reciproco, alla disponibilità all'ascolto, a fornire vicendevolmente aiuto, a compiacere anche gli altri.

Ogni genitore oggi è sufficientemente informato sulle cure fisiche da dare al bambino, dall'alimentazione alla protezione dagli agenti esterni, alla prevenzione dalle malattie. Pare meno al corrente dell'enorme importanza, soprattutto nella prima età, di proteggere l'io del bambino, in quanto persona in formazione, che assimila ed assorbe come una spugna gli atteggiamenti assunti dai genitori nei confronti suoi e dell'ambiente circostante.

È fondamentale che la famiglia, anche se ben coesa al suo interno, si dimostri aperta ai rapporti interpersonali esterni, e quindi coinvolta in una rete di relazioni positive utili ad arricchire i singoli membri che la compongono e, soprattutto, a creare un'atmosfera ricca di serenità e fiducia, nella quale immergere il bambino.

Col passare del tempo il numero di contatti si allarga: maggiori saranno le relazioni interpersonali che un bambino riesce a gestire positivamente, maggiori saranno le possibilità di vedere rispecchiato il proprio valore e di sentirsi considerato, cosa che contribuisce fortemente alla costruzione della fiducia negli altri e di un buon concetto di sé.

COSA S'INTENDE IN PRATICA PER "CONCETTO DI SÉ"?

Il concetto di sé, che è alla base dell'intelligenza intrapersonale, è costruito da quell'insieme di risposte, fornite più o meno consapevolmente dagli adulti per approvare o criticare i comportamenti del bambino; approvazioni o critiche che contribuiscono a farlo sentire più o meno bravo, più o meno adeguato in particolari situazioni.

Il bambino costruisce l'immagine di sé solo in parte attraverso la valutazione diretta delle proprie azioni, ma soprattutto attraverso l'approvazione e il giudizio, che il contesto familiare e sociale gli rimanda. Il sé è sempre formulato con una parola singolare, ma in realtà si compone di miriadi di microimmagini di sé, che corrispondono alle diverse e molteplici valutazioni rispecchiate da adulti diversi, relative alle sue attività e conquiste progressive negli eventi più disparati.

L'immagine di sé, pur essendo globale, è in realtà composta da molteplici sfaccettature, ricavate dai contatti con tutte le persone che circondano il bambino, da tutti gli oggetti che egli arriva a manipolare, dagli eventi in cui s'impegna. Ogni oggetto utilizzato con successo contribuisce a rafforzare il ***sé positivo***, e tutti gli oggetti simili della stessa categoria otterranno lo stesso effetto. Da un'immagine di sé, positiva in un particolare settore, nascerà la motivazione a continuare ad apprendere in quel settore.

I rapporti con gli altri sono indispensabili perché il bambino arrivi a sapersi comportare nel contesto sociale e possa giungere, attraverso le valutazioni degli adulti, a percepire e distinguere i comportamenti più accettabili da quelli che è meglio evitare, per tentare di aumentare i primi e limitare i secondi.

Egli costruisce così molti schemi di comportamento, li usa in differenti situazioni, e inizia a classificarli sulla base delle risposte e sui giudizi di approvazione o di biasimo da parte degli adulti. Grazie a questi schemi interiorizzati, è quindi portato a giudicare se stesso, utilizzando lo stesso metro fornito dagli educatori.

Maggiore è l'attaccamento che il bambino prova per gli adulti significativi, maggiore è il valore dell'immagine di sé che essi gli rispecchiano; comincia a sentirsi bravo quando riesce, e a provare disagio se viola le semplici norme che sono state fissate per lui.

Il concetto di sé si forma grazie all'evoluzione simultanea delle due intelligenze personali (v. p. 43). Queste, pur essendo distinte, sono anche strettamente legate fra loro: nessuna delle due può svilupparsi senza l'altra ed entrambe sono grandemente plasmate dalla lingua e dalla cultura.

QUANDO IL BAMBINO COMINCIA A FORMARE IL PROPRIO SÉ?

Il bambino comincia a formare il proprio sé fin dai primi giorni di vita, partendo dalle sue esperienze interiori, dalla gamma di stati fisici ed emotivi e affettivi, che sono associati alla presenza delle figure parentali e, in particolare, di chi lo accudisce.

Nei primi giorni di vita il piccolo è totalmente egocentrico, risponde in pratica soltanto ai propri bisogni primari: fame, freddo, malessere, piangendo a gola spiegata, se necessario, senza la minima preoccupazione di arrecare disagio a chicchessia.

Egli non ha ancora una consapevolezza diretta di essere una persona autonoma, ma intanto costruisce e rafforza soprattutto il legame con la madre o con chi si prende quotidianamente cura di lui. Offrire continuamente al neonato calore e sostegno emotivo è indispensabile per un adeguato sviluppo biologico del sistema nervoso centrale.

Gli scambi emotivi sono d'importanza vitale per la costruzione dell'individuo come persona capace sia di relazionarsi, sia di apprendere. Valide e costanti interazioni emotive nei primi mesi di vita sono in grado di orientarlo verso l'acquisizione di competenze essenziali sul piano emotivo, sociale e intellettivo.

Solo calorose interazioni di accudimento appaiono in grado di sviluppare nel bambino la capacità di capire più tardi i propri sentimenti, di riconoscerli negli altri e quindi di sviluppare gradualmente l'empatia, cioè la capacità di mettersi nei panni altrui. Da tali interazioni si andrà formando anche il primo nucleo del giudizio morale, di ciò che è bene e di ciò che è sbagliato secondo la nostra civiltà.

Il piccolo è presto pronto a stringere un forte legame con la madre o con chi si prende cura di soddisfare con sollecitudine le sue esigenze; inizia a riconoscerne l'odore, il calore, il suono della voce e, a mano a mano che la vista si mette a fuoco, anche le sembianze. Per stringere una relazione positiva con chi l'accudisce, il neonato deve sentire soddisfatti i suoi bisogni primari; ma la sua comunicazione è ancora primitiva: non può sapere cosa vuole, comunica solo come si sente.

Grazie a questo forte legame affettivo, egli sviluppa la tendenza a ricambiare lo sguardo dell'altro, a seguirlo per convergere su oggetti di comune interesse, a tentare l'***imi-***

tazione di gesti e di comportamenti in modo prima ***diretto***, quando ad esempio, copia immediatamente la mamma che fa *"ciao"*; poi ***differito***, a distanza nello spazio e nel tempo, cioè quando sarà in grado di fare *"ciao"* anche se nessuno gli darà questo modello.

La comparsa dell'imitazione differita, ad esempio *"fare ciao"* senza un modello immediato, segnala l'avvenuta interiorizzazione di modelli di comportamento forniti dal contesto, che coincidono con il processo di ***identificazione***: il bambino tende ad identificarsi con l'adulto, al quale è attaccato da forti legami affettivi.

È questo il punto di partenza per la scoperta, da parte del piccolo, di essere un'identità distinta, che si afferma prima reagendo al proprio nome, e sarà poi completata con la capacità di riferirsi a se stesso col pronome *"io"*, in contrasto al *"tu"* riferito all'altro.

Le interazioni emotive favoriscono la costruzione del pensiero e stimolano la comunicazione, che all'inizio è preverbale, corporea (sporgersi verso qualcosa di gradevole, ritrarsi al contrario), mimica (sorrisi, espressioni corrucciate) e successivamente gestuale (indicare con la mano e poi con il dito).

Il concetto di sé inizia così a formarsi come sé corporeo separato dalla madre, come agente autonomo capace di provare sensazioni, di agire e anche di modificare il contesto a suo vantaggio, con progetti e piani di azione ben definiti, come individuo unico e distinto dagli altri, giungendo a riconoscere anche gli altri con caratteristiche simili alle sue.

Il sé tenderà ad ampliarsi grazie alle immagini che gli sono rispecchiate dai genitori: se i genitori gli dimostreranno che egli vale, che è degno d'affetto e di rispetto, anche lui ne sarà convinto e sarà pronto a ricambiare tale giudizio.

Com'è possibile favorire la costruzione di un sé positivo?

I genitori devono ricordarsi sempre che sono proprio loro a favorire la costruzione dell'immagine di sé del bambino, del modo in cui egli giudicherà e valuterà se stesso. Sono loro le persone di maggior valore per lui; il modo in cui essi lo valuteranno e valuteranno i compiti in cui egli s'impegna, sarà fatto proprio dal bambino.

L'educazione ha come obiettivo fare acquisire autonomia. Nei primi mesi un piccolo ma importante nucleo di autonomia che i genitori possono favorire è proprio ***l'autonomia emotiva***, che contribuisce a far sentire il piccolo capace di gestire, da solo, stati e sensazioni emotive.

È importante saper interpretare i bisogni del piccolo. Spesso il suo pianto viene interpretato anche troppo frettolosamente, secondo i criteri personali di chi lo accudisce. Certamente è bene intervenire subito quando il disagio è dato sicuramente dalla fame, dal bisogno di essere cambiato o da qualcosa che non va.

Una volta che i rimedi d'emergenza sono stati apportati, è utile saper frapporre un breve intervallo fra il pianto e la risposta dell'adulto, per dare tempo al bambino di attivare in sé e autonomamente le risorse per tentare di gestire le proprie sensazioni interiori. È opportuno approfittare di ogni occasione per favorire l'emergere della capacità di restare, almeno per brevi periodi, tranquillo da solo, cominciando così a costruire la propria autonomia emotiva.

Imparare a stare da solo anche per brevi periodi può aiutare a creare un sé sempre più distinto e autonomo, capace di risolvere il lieve disagio transitorio senza il continuo intervento esterno. Ciò sembra necessario per evitare di strutturare un legame di eccessiva dipendenza sul piano emotivo; inoltre, potrà fargli accettare più serenamente in seguito gli inevitabili "***no***" e i primi futuri cambiamenti, quali lo svezzamento, l'allontanamento dalla madre per essere affidato a altre persone: nonne, babysitter, educatrici del nido.

Una positiva costruzione del proprio sé è collegata ad un giusto equilibrio fra cure sollecite e amorevoli da un lato e conquista di sempre nuove competenze e nuove autonomie emotive e pratiche dall'altro. Saper fare da solo, imitando gli adulti, aiuta a costruire molteplici aspetti positivi del proprio sé: tanti quante sono le cose che si sanno fare.

Il considerarsi in modo positivo, o ***autostima***, contribuirà a dare una carica potente alla motivazione verso acquisizioni sempre nuove e sempre più complesse; sarà il maggior contributo per una vita piena di soddisfazioni e di successo.

I genitori hanno anche il compito di far distinguere il "***sì*** " dal "***no*** " nei primi comportamenti, mostrando con l'esempio, in modo concreto e ben evidente, il comportamento necessario e desiderato, senza ricorrere a spiegazioni con troppe parole, alla paura o alle intimidazioni.

Il "***no***" va presentato possibilmente senza alzare troppo la voce, in modo da far capire come la critica sia sempre e soltanto rivolta al comportamento, e non al bambino. I bambini piccoli hanno difficoltà a separare la parte dal tutto, il comportamento momentaneamente sbagliato dalla globalità della relazione appena instaurata.

Quando si dice "***no***" è anche opportuno mostrare sempre il significato del "***sì***", fornendo subito l'esempio di un comportamento alternativo accettabile. Ad esempio, se butta per terra oggetti, far vedere come vanno invece messi al loro posto; può così imparare presto quello che è richiesto o che è socialmente valido.

Per una buona evoluzione del concetto di sé è importante che entrambi i genitori siano ***coerenti*** nelle loro valutazioni e nei messaggi che inviano. Non bisogna mai, come talora può accadere, che uno dica una cosa e l'altro il suo contrario. In tal caso il bambino si confonderà su quello che va fatto e su che cosa ci si aspetta da lui: in questo caso non solo il sé stenterà a formarsi, ma sarà facile che egli si diverta a mettere papà e mamma l'uno contro l'altro.

Nell'organizzare il sé, un ruolo preminente ha il linguaggio, grazie al quale il bambino ha l'opportunità di chiarirsi ciò che sa, ciò che sa fare più o meno bene e dove deve ancora arrivare. In questo caso dimostra di iniziare a divenire ***metacognitivo*** sul piano pratico, vale a dire sapere ciò che sa fare, e conoscere anche il passo successivo, ciò che deve ancora imparare: ad esempio, "*so mangiare con il cucchiaio, ma non con la forchetta; so sfilarmi le calze, ma non rinfilarle*".

Il concetto di sé varia continuamente a seconda delle situazioni: ad esempio, il bambino può sentirsi grande rispetto al fratellino appena nato, ma piccolo nei confronti di ragazzi più grandi.

Nei primi tempi il concetto di sé varia anche secondo i luoghi e le circostanze; ad esempio, può considerarsi bravo a scuola, ma discolo a casa e comportarsi di conseguenza. Potrà adattare il concetto di sé secondo nuove esperienze, oppure rifiutare l'evidenza se questa contrasta coll'immagine di sé già formata, adottando in questo caso meccanismi di difesa.

Se il bambino si sente capace e gli adulti gli rimandano un'immagine diversa, è del tutto naturale che non se la senta di adattare il proprio sé a un'immagine sfavorevole e tenderà in qualche modo a difendersi.

L'evoluzione del concetto di sé prevede la formazione di un sé prima di tutto coerente con se stesso, poi anche coerente in situazioni diverse. La sua evoluzione è legata al progressivo e graduale ampliamento sia del pensiero, sia del linguaggio: tuttavia sarà molto più lenta di quella cognitiva e di quella linguistica, perché condizionata unicamente dalle risposte del contesto.

L'educazione all'autonomia pratica, l'uso del linguaggio e le opportunità di educazione emotiva che egli riceverà, sia a casa sia a scuola, sono essenziali per la formazione di un sé positivo, capace di cementare la fiducia nella propria capacità di affrontare e conquistare il nuovo. Un atteggiamento fiducioso è fonte di sicura motivazione nei confronti del non conosciuto, ivi compreso anche tutto il futuro apprendimento scolastico.

È MEGLIO RISPETTARE ORARI REGOLARI O ADATTARSI AI SUOI RITMI?

Nonostante vi siano opinioni controverse a questo riguardo, si ritiene fondamentale stabilire ***orari abbastanza regolari*** per quanto riguarda il ritmo sonno/veglia e per l'esecuzione delle operazioni relative alla nutrizione e alla cura della persona.

La regolarità è la madre di tutte le regole. Se si vuole che il bambino, crescendo, apprezzi e faccia proprie le regole della vita, prima in famiglia, poi a scuola e infine in ambito sociale, è opportuno che inizi presto con una scansione regolare della propria esistenza quotidiana.

La scansione regolare della vita di tutti i giorni è fonte di serenità e di competenza: infatti permette al piccolo, ancora ben lontano da una consapevolezza del tempo, di collegare fra loro le varie operazioni: "*appena sveglio sono lavato, poi nutrito e coccolato, poi torno a dormire...*" contribuendo a rafforzare la fiducia nell'educatore (intelligenza interpersonale) e la sensazione di essere già in grado di anticipare e aspettarsi ciò che avverrà (intelligenza intrapersonale).

L'abitudine ad orari regolari da un lato fa crescere il bambino sereno, facile ad essere convinto che quella *è proprio l'ora per...* Dall'altro crea un'inconsapevole ma importante percezione del tempo, con la capacità di anticipare e quindi di controllare le azioni che verranno, grazie a quelle in atto al momento. Ad esempio, l'andare a lavarsi le mani verso mezzogiorno, potrà fare anticipare che il pranzo è vicino.

Al contrario l'irregolarità negli orari crea uno stato latente di ansia: "*cosa potrà succedere ora...?*", anche se certamente ancora non pensata con queste parole. Tale stato ansioso potrà aumentare col tempo, costruendo un leggero strappo nella relazione con gli adulti, che non riescono a provvedere alla sua serenità, rendendo il bambino nervoso ed irritabile. L'irregolarità, e un eccesso di stimoli incontrollati, contribuiscono a potenziare un'eventuale caratteristica temperamentale ereditata, mentre la regolarità può contenerla.

A volte i genitori si peritano a svegliare il bambino. Non occorre essere ligi ad un orario fisso ed intervenire drasticamente, cosa che può costituire un trauma ancora peggiore; ma è possibile ***facilitare il risveglio***, con l'aiuto di musiche dolci, parlando e carezzando il piccino, aumentando la luminosità dell'ambiente. Una volta instaurato un ritmo regolare, sarà il suo orologio biologico ad attivare i tempestivi risvegli.

È opportuno che l'abitudine ad orari regolari sia mantenuta nel tempo, per facilitare il futuro rispetto delle regole, rinsaldando una relazione positiva con i membri della famiglia. L'ora di alzarsi al mattino, l'ora di andare a letto la sera deve essere il più possibile sempre la stessa. Così pure le ore dei quattro pasti giornalieri, avendo cura di non far mangiucchiare fra un pasto e l'altro.

Il bambino dovrà abituarsi presto a rispettare le regole che riguardano l'alimentazione: ***dove*** si mangia abitualmente, ***come*** si mangia, ad esempio senza alzarsi, senza mettere le mani nei vassoi o nei piatti degli altri, possibilmente senza rovesciare piatti per terra o sulla tovaglia, e via di seguito secondo le abitudini di ogni famiglia.

A che cosa servono le regole?

Le regole hanno per scopo di far capire al bambino che la casa non è lì solo per lui; ci sono anche altre persone, pronte ad occuparsi dei suoi bisogni, ma non deputate esclusivamente al suo servizio. Ogni persona della famiglia ha esigenze proprie, che si spera siano rispettate. Le regole costituiscono quindi la base dell'intelligenza interpersonale.

Il bambino piccolo può imparare presto a rispettare le regole semplici per una vita quotidiana armoniosa all'interno della famiglia. È chiaro che ha ancora bisogno di molte cure, tuttavia anche gli altri membri della famiglia devono mostrare presto le loro necessità: la stanchezza del papà al ritorno dal lavoro, il mal di testa della mamma, il riposo pomeridiano del nonno: tutto ciò deve meritare altrettanto rispetto.

Le regole non devono mai essere imposte dall'alto in modo autoritario; sarà sufficiente sottolineare con parole e cenni d'apprezzamento tutte le volte che le rispetta, e accogliere col silenzio e con aria dispiaciuta ogni infrazione, tenendo conto che il primo a percepirne un vantaggio deve essere sempre il bambino stesso.

Andrebbero evitate nei limiti del possibile le brusche sgridate con tono di voce troppo alto. Se in certi casi non se ne può fare a meno, bisogna evitare di fornire il modello del comportamento corretto proprio assieme al rimprovero: si corre il rischio che il bambino associ la regola all'emozione negativa provata in quel momento, e investa la regola di connotati negativi. Solo più tardi, appena sarà ristabilita la calma, si potrà cercare l'occasione per proporre la regola e illustrarne i motivi.

Il rispetto delle regole e dei bisogni degli altri va modellato con l'esempio e con un atteggiamento di rispetto verso il bambino stesso. Fin da piccolo egli deve sempre sentirsi trattato come una "persona", cercando di prestare attenzione ai suoi desideri e realizzandoli nei limiti del possibile, anche se giudicati di scarso rilievo.

A sua volta è bene anche che il bambino capisca presto le esigenze di mamma e papà e degli altri familiari: basterà dimostrare che si è stanchi, che si è turbati dal suo capriccio o dal disordine e allora sarà facile stabilire un dialogo alla pari.

Alcune madri pensano di fare bene dimostrandosi immuni da bisogni e sempre disposte ad accontentare il bambino: questo è possibile solo durante il primo anno, quando il piccolo passa gran parte del suo tempo dormendo; col crescere egli resta sveglio per periodi sempre più lunghi e non sarà possibile essere sempre disposti a soddisfarlo.

Invece di provocare negli anni successivi traumatiche inversioni di tendenza, che il bambino accetterà sempre malvolentieri, tanto vale iniziare fino dai primi mesi a segnalare i propri momenti d'indisponibilità, sempre seguiti però dalla proposta, mantenibile, di nuove e maggiori cure e attenzioni.

È bene ricordare che qualsiasi anticipazione, qualsiasi promessa di gratificazioni ma anche di punizioni, deve sempre essere mantenuta. Il bambino è un eccellente ragioniere, dalla memoria di ferro, e tende a prendere sul serio sia il fare, sia il dire degli adulti; ma se si accorge che le loro parole non sono affidabili, finirà col non tenerne conto. Perciò, attenzione a come si parla con lui e a cosa gli si promette, ma anche a come ci si comporta.

L'accettazione implicita, fin dai primi anni, di regole condivise porta automaticamente al rispetto verso persone e cose. Se invece si acconsente a far ignorare le regole, con la scusa che *"tanto è ancora piccolo"* e non capisce (cosa che non è affatto vera), si abituerà a considerarsi al di sopra di tutti e di tutto; in seguito sarà molto più difficile far ribaltare al piccolo despota questa convinzione.

In alternativa egli potrà formarsi l'idea implicita di essere il bersaglio di messaggi ambigui da parte di chi gli sta intorno: prima tutto è consentito, poi all'improvviso l'opposto. Come si possono rispettare le persone adulte, se si dimostrano così inaffidabili?

Soprattutto nei primi anni il sistema nervoso centrale apprende con grande facilità e utilizza schemi comportamentali, che, ripetuti, si fissano stabilmente e difficilmente possono essere cancellati e sostituiti con altri.

Bambini anche molto piccoli sono in grado di capire stati d'animo e situazioni, riuscendo a comportarsi adeguatamente: basta non sottoporli a sgridate e a scapaccioni senza preavviso. Se durante i primi anni si lascerà che il bambino si comporti da piccolo tiranno, sarà molto difficile poi introdurre le indispensabili regole per una convivenza serena.

COME COMPORTARSI QUANDO NASCE UN FRATELLINO?

Spesso i bambini chiedono insistentemente un fratellino ma, appena il piccolo nasce ed è portato a casa, si dimostrano subito molto gelosi. Infatti, quando il desiderato fratellino nasce, il bambino si rende conto che non rappresenta un giocattolo con cui poter giocare a suo piacimento, ma anzi è un intruso, un estraneo, un rivale, che assorbe tutte le attenzioni della madre.

La gelosia fa presto ad instaurarsi, e diventa sempre più consistente a mano a mano che il bambino cresce, per la percezione di essere messo da parte, passato in secondo piano, e per il timore di essere abbandonato.

Di fronte a questo timore nasce l'aggressività, più o meno nascosta, verso il fratellino rivale: si tratta prevalentemente di un'aggressività espressa a parole, ma che talvolta si può trasformare in azioni; ad esempio, stringerlo troppo, pizzicarlo, abbracciarlo quasi schiacciandolo con il proprio corpo.

In questi casi è certamente necessario proteggere il neonato dalle reazioni aggressive, ma occorre anche evitare di sgridare o punire il bambino, anzi è necessario confermargli il proprio affetto, aiutandolo ad imparare a condividerlo con il più piccolo.

È, inoltre, importante saper ritagliare nella giornata dei momenti particolari da dedicare al bambino più grande, organizzando delle attività da fare insieme, come guardare un libro, parlare, uscire a fare piccole commissioni, andare insieme in pizzeria. Gli sarà fatto notare il vantaggio di essere grandi, sottolineando quante cose interessanti sono alla sua portata, mentre il fratellino, che è più piccolo, deve rimanere a casa.

Se, tuttavia, il bambino prova sentimenti di forte gelosia, è importante che possa esprimere a parole la sua ostilità, ed anche la sua paura di perdere l'affetto, per evitare che tali emozioni dolorose, covate nel proprio intimo, crescano ulteriormente, aumentando il timore di essere abbandonato.

Inoltre, sarebbe opportuno non allontanare il bambino da casa, al momento che il nuovo nato vi entra. Se, ad esempio, la nascita di un fratello coincide con l'inserimento all'asilo nido o alla scuola dell'infanzia, conviene talora ritardare di qualche mese l'inserimento, per evitare che il timore dell'abbandono si concretizzi, con la percezione di essere escluso e mandato fuori di casa, mentre l'altro gode della presenza continua della madre.

In questa fase della vita, assume un ruolo importante la figura paterna, quale supporto ed aiuto al bambino più grande. Il papà può dedicargli più tempo e, soprattutto, orientare i suoi interessi verso il mondo esterno, facendogli conoscere aspetti ricchi di stimoli, presenti al di fuori della casa.

Talvolta, dopo la nascita del fratellino, si possono presentare fenomeni regressivi, quali: la ricerca del biberon o del ciuccio, il dito in bocca, l'enuresi, il ritorno alla dipendenza rispetto ad autonomie già acquisite; tutti questi atteggiamenti hanno la funzione di riconquistare l'attenzione materna.

In questo caso, appare evidente che è inutile rimproverarlo, prenderlo in giro o chiedergli perché si comporta in questo modo; sarà invece utile lasciarlo fare ma, nello stesso tempo, cercare di elogiare le sue conquiste più recenti in ambito scolastico o sportivo, in modo da valorizzare aspetti più adulti, e stimolarlo ad acquisirne sempre di più.

Inoltre, nei momenti della giornata a lui dedicati, può essere utile raccontargli il momento della sua nascita e di tutte le cure ricevute quando anche lui era piccolo, magari guardando delle fotografie del battesimo o del compleanno. Potrà così capire che le stesse cure sono state rivolte anche a lui, e l'affetto dei genitori è tuttora presente, anche se in modo diverso.

E PER QUANTO RIGUARDA LE ALTRE INTELLIGENZE?

Durante il primo anno di vita molte costruzioni mentali, specialmente quelle di tipo motorio, avvengono apparentemente in modo spontaneo, dando l'impressione dello "sviluppo", ma in realtà sono sempre favorite dall'attenzione affettuosa di chi si prende cura di lui. Ogni bambino, infatti, eredita una naturale motivazione a scoprire e controllare i propri mezzi motori: piedi, braccia, mani, al fine di realizzare scopi e intenzioni: *spostarsi in modo autonomo, avvicinare o allontanare oggetti, afferrare, spingere, tirare.*

Il piccolo inizia le sue prime costruzioni motorie, realizzando il controllo del capo, che riuscirà a tenere eretto e a muovere indipendentemente dal resto del corpo; poi stando seduto; quindi gattonando e, infine, raggiungendo la stazione eretta e muovendo i primi passi. Metterà a fuoco la vista, conquistando una prima visione ravvicinata, grazie alla quale individuerà prima di tutto il volto della madre, e conquistando gradualmente distanze sempre maggiori per costruire lo ***spazio*** a tre dimensioni. I dati visivi saranno associati molto presto a quelli motori per afferrare, trasformare strappando e rompendo.

Un importante dato uditivo è rappresentato dalla voce dei vari componenti della famiglia: la parola parlata è presto messa in primo piano e differenziata da altri suoni e rumori dell'ambiente, che si raccomanda siano preferibilmente dolci e melodiosi, evitando quelli bruschi.

È importante parlare dolcemente con il bambino quando è nutrito, lavato, asciugato, vestito, perché in tal modo si aiuta a formare anche l'intelligenza linguistica. Egli non può ancora capire il significato delle parole, ma è in grado di afferrare il tono della voce e la melodia della lingua parlata. Inoltre potrà convincersi di essere importante e di aver valore, se l'adulto prova piacere nel conversare con lui e prolunga con compiacimento il tempo dedicato alle semplici cure giornaliere.

Nel passato era comune l'abitudine di cullare spesso i bambini, sia quando erano tenuti in braccio, sia in apposite culle dondolanti. Il ritmo ha per i piccoli una funzione di rassicurazione, dato che durante la vita intrauterina erano continuamente rassicurati dal battito cardiaco della madre e dai suoi passi quando camminava.

Nella vita moderna sono quasi scomparse le culle, ma i bambini sono altrettanto rassicurati dal contatto corporeo con i genitori tramite i cosiddetti "marsupi", che sfruttano a tale scopo il ritmo del cammino. Il marsupio fa anche partecipare il bambino agli spostamenti quotidiani dei genitori, rinsaldando così la relazione affettiva.

Il ***ritmo***, che è parte integrante dell'intelligenza musicale, rappresenta la base di importanti future costruzioni logiche quali ***sequenza, tempo e numero*** (v. p. 59).

In pratica qual è l'indicazione di base per avviare un'efficace educazione?

L'indicazione di base per un'efficace educazione infantile è sinteticamente rappresentata dal favorire precocemente l'emergere di ***autonomie*** sia sul piano ***emotivo*** sia sul piano ***pratico***, cosa che coincide con il simultaneo arricchimento delle due intelligenze personali, di cui si è già parlato, e delle tre intelligenze pratiche: motoria, spaziale e musicale.

Quando il bambino impara a fare da sé costruisce attivamente pensieri all'interno della sua mente. Si può ben dire che ***più il bambino è autonomo, maggiore è il numero di***

pensieri che è riuscito a costruirsi. Se sarà incoraggiato a manifestare questa sua autonomia si sentirà anche investito di responsabilità, e la risposta soddisfatta dei genitori avvierà quel ciclo virtuoso che tenderà ad alimentare la sua fiducia nelle proprie capacità.

Nonostante le continue richieste del mondo moderno e la necessità di fare presto, è importante evitare, nei limiti del possibile, di "fare al posto del bambino", sostituendosi a lui. Certamente l'adulto fa prima e meglio, ma alla lunga si corre il rischio di frustrare il naturale desiderio del piccolo di voler aiutare e partecipare in prima persona.

Se si agisce continuamente al suo posto, il bambino può accorgersi che i grandi fanno le cose meglio di lui e così alla fine cede le armi e si rassegna. Purtroppo in questo modo finirà anche col costruire meno pensieri e anche un'immagine di sé negativa, di generica e generale incapacità, che lo spingerà a rifiutare qualsiasi proposta impegnativa. Senza contare l'invio di un messaggio implicito, che segnala come il genitore apprezzi e preferisca un figlio piccolo e dipendente.

Occorre fare attenzione ai messaggi impliciti d'incapacità che sono quotidianamente inviati sotto l'urgenza del tempo, perché una volta costruita una certa immagine di sé è molto più difficile cancellarla e sostituirla con un'altra. Basterà che i genitori si ricordino, almeno quando l'urgenza del tempo non è poi tanto pressante, di sostenere e rinforzare ogni tanto la naturale curiosità e lo spontaneo desiderio di voler partecipare, che ogni bambino possiede e che dimostra fino dai primi momenti: se la mamma spazza vuole spazzare, se cucina vuole cucinare.

La partecipazione va sempre centrata sul fare, sull'imitazione dei semplici gesti in attività quotidiane; non deve essere estesa a compiti troppo complessi per i bambini, quali il decidere o lo scegliere. Bisogna ricordarsi, infatti, di non sottoporre troppo presto il bambino, in nome di una sua presunta libertà, a eseguire difficili scelte.

Una scelta consapevole implica sempre la conoscenza; ma spesso l'adulto tende a far scegliere il bambino fra cose che il piccolo conosce a malapena o che non riesce ad evocare a partire dalle parole. È del tutto inopportuno, ad esempio, fargli scegliere fra due cibi, che non ha mai assaggiato o di cui non può ricordare il nome o il sapore.

Il risultato è l'ansia di sbagliare e il calo nella fiducia verso chi impone la scelta. Più i bambini sono in tenera età, più è opportuno decidere per loro. A mano a mano che essi crescono, e si è sicuri delle loro conoscenze, è corretto prendere in considerazione anche i loro desideri.

Qual è la prima autonomia pratica da avviare?

La prima autonomia pratica, che può essere avviata, riguarda l'***alimentazione***. Tutti hanno presente come i piccoli, che ancora non sanno tenersi in piedi, tengano volentieri ben stretto nella manina un pezzetto di pane o un biscotto per nutrirsi da soli. Spesso avviene anche che il bambino porga con un sorriso al genitore il proprio biscotto già sbocconcellato, quale dono prezioso, assumendosi con questo atto anche la responsabilità di nutrire un altro.

Nutrirsi con le mani è senza dubbio il primo atto di autonomia, che inizia fino dal momento in cui il piccolo pone le mani sul seno o sul biberon. Questa competenza andrà generalizzata col divezzamento, invogliandolo a prendere con le mani pezzetti di vari alimenti: frutta, formaggio, ma anche patate o pasta grossa, che i bambini possono riuscire a portarsi felici alla bocca.

Per evitare incidenti, tipo piatti rovesciati o cibo sparso per la casa, conviene avere l'accortezza di usare due piatti: uno pieno che si tiene da parte, in caldo, e uno davanti al bambino sul quale disporre piccole quantità del cibo prescelto.

È importante che col divezzamento il bambino incontri vari sapori e consistenze diverse: questo lo abituerà subito da un lato ad individuare quello che piace di più o di meno, attivando abitudini mentali di tipo classificatorio, e dall'altro ad orientarsi verso l'assaggio di cibi nuovi, evitando di restare ancorato alla stereotipia di uno solo o di pochi sapori.

L'alimentazione è strettamente connessa con il nutrimento

intellettuale. La ricerca festosa di cibi e gusti nuovi può essere direttamente collegata al piacere e alla disposizione ad accettare nuove conoscenze, oltre a classificarle, a differenziarle fra loro e ad ampliarle in continuazione.

Il bambino schizzinoso, che volta la testa e serra ostinatamente la bocca di fronte ad un alimento sconosciuto, potrà ugualmente impuntarsi in futuro di fronte a conoscenze nuove, che riterrà mentalmente indigeste.

Per questa ragione si sconsiglia di limitare l'alimentazione a pochi sapori sicuri e conosciuti, o addirittura all'uso di pastoni "purché mangi", in cui siano sì contenuti tutti gli elementi utili alla crescita fisica, ma che sono assolutamente inadatti a porre le basi della crescita mentale e della motivazione verso la conoscenza.

L'area dell'alimentazione rappresenta un vasto campo per la crescita dell'autonomia infantile, che andrà perfezionandosi attraverso la capacità di mangiare da soli, prima con le mani e poi con le posate. Prima il cucchiaio, più tardi la forchetta per infilzare e, addirittura, anche il coltello (di plastica) per spalmare o tagliare cibi morbidi: le patate, la banana, la pera. Bere portando il bicchiere alla bocca con due mani, poi con una sola, riposandolo senza rovesciarlo; saper usare il tovagliolo per pulirsi le labbra.

Qual è la successiva area di autonomia?

Alla fine del primo anno di vita il bambino fa la sua prima acquisizione di autonomia nell'ambito motorio: la conquista della stazione eretta e della deambulazione. I primi passi, accolti sempre con gioia da tutta la famiglia, sono incerti e a basi allargate; le cadute sono d'obbligo, ma, grazie al sostegno generale, il bambino non si perde certo d'animo, e prosegue nei suoi tentativi spinto da una forte motivazione interiore.

In quest'ambito i genitori non hanno bisogno di alcun consiglio particolare, il loro impegno è sempre massimo, e il loro rispetto per i tentativi del piccolo appare encomiabile.

Questo primo traguardo nell'ambito dell'intelligenza motoria sarà seguito da un controllo spontaneo sempre più perfezionato: il piccolo arriverà al cammino spedito e subito dopo alla corsa, prima trotterellando, e poi con la massima disinvoltura, pronto a spendere continue energie in questa attività.

Con l'inizio del secondo anno, tutte le successive conquiste motorie appaiono con evidenza ***atti intenzionali***, secondo gli scopi e gli strumenti disponibili: dal nuoto alle altalene, dallo scivolo alla bicicletta. Il bambino potrà imparare a servirsene in anticipo o in ritardo, secondo la disponibilità dei genitori nel fornirgli opportunità di usarli e tempo per esercitarsi.

Altre aree di autonomia da curare?

Un'altra area in cui il bambino può essere guidato a conquistare autonomie è la cura del proprio corpo. La cura della persona comprende anche l'uso del bagno. I bambini adorano sciaguattare con l'acqua e presto imparano anche a manovrare i rubinetti, soprattutto quelli moderni a leva, molto più facili di quelli rotabili.

Il bagno quotidiano, in genere fonte di piacere e divertimento per il piccolo, è anche un'occasione di autonomia personale: gli viene affidata la spugna per strofinare le gambe, i piedi, le braccia la testa, la pancia e, nello stesso tempo, è reso consapevole delle varie parti del suo corpo grazie al commento affettuoso da parte dell'adulto.

Se il genitore si ricorderà di commentare sempre con parole appropriate ogni sua azione, il bambino potrà ampliare il suo primo nucleo di vocabolario compreso, riuscendo anche a costruire il proprio schema corporeo mentale.

Un'altra area di autonomia personale riguarda l'espletamento dei bisogni fisiologici. Oggi il pannolone ha semplificato molto la vita domestica, riducendo drasticamente gli incidenti e soprattutto la quantità di biancheria da lavare. Il pannolone è di grande aiuto per la mamma; tuttavia è opportuno prevederne l'eliminazione a tempo debito.

Attorno ai due anni e mezzo la maggior parte dei bambini appare in grado di controllare i propri sfinteri, almeno segnalando i bisogni. L'uso prolungato del pannolone non favorisce l'emergere di questa capacità.

Il bambino, per individuare lo stimolo e provvedere al controllo, deve bagnarsi. Al primo impatto mostrerà sicuramente una comprensibile meraviglia per un effetto che in precedenza non aveva mai avuto occasione di osservare.

Si consiglia di approfittare dell'estate, fra i due e i tre anni di età, per togliere quest'ingombro, anche se comodo per la madre. D'estate i problemi sono minori sia perché il bambino si possa asciugare presto senza raffreddarsi, sia perché i vestiti leggeri di cotone, facilmente lavabili, sono i più indicati per rimediare a qualche inevitabile dimenticanza.

D'altra parte la stanza da bagno, che già era stata individuata come luogo dove ci si lava, potrà essere associata anche a questa seconda funzione. Inizialmente, a causa delle ridotte dimensioni dei bambini, è bene abituarli all'uso del vasetto o di un apposito riduttore sul normale w.c.

Una volta eliminato il pannolone, è opportuno impostare un orario regolare anche per l'evacuazione dell'intestino: in particolare sarebbe consigliabile far usare il bagno al mattino, dopo la prima colazione, per abituarli anche ad una certa regolarità nell'espletare la funzione maggiore, in modo da essere liberi per il resto della giornata.

Successivamente è utile che i genitori mostrino come anch'essi si servano degli stessi strumenti, in modo da sfruttare l'innato desiderio di emulazione del piccolo.

Il controllo di queste funzioni segna la conquista di un'ulteriore tappa di autonomia e di conoscenza del mondo, che tende a rendere il bambino fiero di partecipare ad attività condivise dai grandi. Come per tutte le precedenti conquiste, anche queste aiutano ad elaborare una favorevole immagine di sé, soprattutto se adeguatamente valorizzata dai genitori.

Sarà opportuno anche chiarire dove e come ci si spoglia e ci si veste, e come sia gradito che ogni cosa, dai vestiti ai giocattoli, sia lasciata sempre nel miglior ***ordine*** possibile. Se il bambino sarà abituato presto all'autonomia personale, si renderà facilmente conto dell'importanza e addirittura della necessità dell'ordine, per ritrovare facilmente quello di cui ha bisogno o desiderio.

È utile incoraggiare la partecipazione alle attività domestiche?

Tutti i bambini desiderano vivamente partecipare alla vita di casa. Ogni mamma se ne accorge presto quando, impegnata a spazzare, a spolverare, a riporre il bucato, viene seguita a ruota dal suo piccolo trotterellante che cerca di imitarla. Non bisogna perdere queste buone occasioni per ampliare l'emergere di nuove autonomie, per le quali la motivazione spontanea è così generalizzata.

D'altra parte, come in qualsiasi democrazia, è opportuno che ogni membro della famiglia porti presto i suoi contributi, per godere in contraccambio di sicuri benefici. Durante il primo anno di vita il piccolo ha veramente bisogno di tutto e ha poco da contribuire; ma dal momento in cui cammina con sicurezza e sa nutrirsi da solo, come tutti gli altri, è oramai un membro della comunità familiare, partecipe a tutti gli effetti.

È proprio a questo punto, tuttavia, che è bene non farlo sentire come un monarca assoluto, che può comandare a piacere con tutti i diritti e nessun dovere. Egli stesso del resto è il primo a non desiderare questo ruolo, ma se vi viene abituato è pronto ad adattarvisi e, in tempi successivi, potrà non capire perché prima gli si chiede di comportarsi in un certo modo, e poi si desideri improvvisamente che cambi.

La partecipazione alle faccende domestiche è consigliata sia per le bambine, sia per i maschietti. Far partecipare i bambini piccoli alle attività quotidiane del riordinare, spazzare, spolverare, stendere i panni o levarli dalla lavatrice, per i piccoli è molto di più di un gioco; è un evento che li riempie di orgoglio e li fa sentire capaci e apprezzati per il loro contributo, anche se in realtà possono anche intralciare il rapido svolgimento di queste attività. Questa partecipazione ha due grandi implicazioni.

Innanzitutto il bambino capisce benissimo che si tratta di cose serie, e quindi accetterà di buon grado di rispettare le regole e l'ordine in cui vanno eseguite. Al momento di ritirare il bucato, ad esempio, gli si chiederà di reggere un cestino, dove saranno riposti i capi meno importanti *"mi raccomando, non farli cascare, perché sono puliti"*. Se qualche volta il cestino cadrà non sarà un dramma, tuttavia il piccolo sarà molto fiero della responsabilità di cui si sente investito, e sarà sempre propenso a rispettare le consegne.

Inoltre, il bambino riceve un importante messaggio implicito: *"Tu ora puoi, sei capace, mi fido di te e perciò ti chiedo di aiutarmi"*. Si accorge di essere ormai un componente essenziale del nucleo familiare, capace di assumere compiti di responsabilità e soprattutto di essere ritenuto capace di portarli a termine.

Aiutare a portare a termine le semplici attività domestiche, collaborando con i genitori che gliele semplificheranno caso per caso, ha l'ulteriore importante implicazione di abituare per tempo il bambino a contrastare la tendenza tutta moderna di passare da un'attività all'altra, senza completarne mai alcuna.

È noto che le abitudini che s'instaurano nei primi anni sono le più tenaci, soprattutto quando sono acquisite per motivazione spontanea e non per imposizione. È chiaro che il bambino deve sentirsi trattato con la massima serietà, come una persona adulta, e non prendere tutto come un gioco di scarsa importanza, in cui è normale non attenersi alle regole; altrimenti si rischia di ottenere effetti deludenti, opposti a quelli di un'educazione efficace.

Oltre alla ricchezza e all'articolazione del pensiero, legate, come si è visto, alla conquista di autonomie personali, un'importante acquisizione dei primi anni è senz'altro quella relativa alla competenza nella comprensione della lingua parlata, sia come disponibilità e varietà di vocabolario, sia come articolazione della sintassi magari in comprensione, anche se non ancora in espressione.

A che età i bambini imparano a parlare?

In genere i bambini cominciano a produrre le prime parole, come bisillabi raddoppiati *"ma-ma, pa-pa..."* durante il secondo anno di vita, ma l'apprendimento inizia assai prima con la ***comprensione*** della lingua parlata. All'inizio la comprensione è di tipo ***sincretico***, ossia misto, per metà verbale, per metà legata all'intonazione di chi parla, agli oggetti presenti, alla situazione.

La pronuncia delle prime parole avviene in genere attorno all'anno di età, ma può anche ritardare fino ai due/due anni e mezzo, senza creare preoccupazione purché il bambino dimostri un'adeguata comprensione. L'apprendimento della lingua materna è pilotata dall'intelligenza linguistica (v. pp. 43, 52 e segg.).

Secondo la prevalenza del loro ***stile di apprendimento*** i bambini si dividono in due grandi gruppi:

- quelli con uno stile prevalente ***uditivo***, e sono quelli che parlano precocemente, ma che in genere non sono eccessivamente attivi sul piano motorio e non fanno troppa attenzione ai dettagli visivi dell'ambiente circostante;
- quelli con uno stile prevalente ***visivo e motorio***, che presteranno attenzione alla lingua parlata solo dopo aver soddisfatto una loro intensa curiosità visiva e il loro bisogno di azione e di movimento.

La casa è evidentemente la prima importante fonte di stimoli verbali. Un ambiente linguisticamente povero, sia in quantità sia in qualità, limiterà forzatamente l'apprendimento della lingua nei bambini, nonostante la loro intelligenza. Vi sono vari modi per sollecitare sia l'emergere, sia l'arricchimento della competenza linguistica.

In che modo è possibile facilitare l'apprendimento della lingua?

Prima di tutto è necessario parlare molto con il bambino. Ma non basta parlare; è importante sapere anche quale sia la ***lingua utile*** per facilitargli questo compito. Il linguaggio svolge molte funzioni psicologiche: consola, rassicura, incoraggia, e per questi scopi basta, appunto, solo parlare molto con il bambino.

Ma per fare in modo che la sequenza sonora si leghi bene ai pensieri, è di fondamentale importanza che le parole pronunciate dal genitore si leghino a ***pensieri resi attivi*** dal bambino.

Egli renderà attivi i suoi pensieri al momento in cui è coinvolto nel fare, nell'agire, nello svolgere qualsiasi operazione: ad esempio, se cercherà di mangiare renderà attivi i pensieri sul cibo che ha davanti, sui piatti o sulle posate; se tenterà di infilarsi una scarpa attiverà pensieri sulle scarpe; se giocherà con la palla attiverà i pensieri su come prenderla o lanciarla.

Quindi la forma linguistica utile, che l'educatore deve fornire per facilitare l'imparare a parlare, è quella che codifica i pensieri infantili resi attivi; in pratica il ***commento verbale a quello che il bambino sta facendo***, proprio in quel momento. Esattamente come fa il telecronista sportivo durante una partita di calcio ripresa in televisione.

Appena un commento verbale, fatto di parole e corte frasi, è pronunciato, subito svanisce; quindi è indispensabile che sia ripetuto più volte e in più occasioni, sempre legato allo stesso significato. Inoltre alcuni bambini, soprattutto quelli con stile prevalentemente visivo, hanno bisogno di aver ben chiaro il proprio pensiero prima di prestare attenzione alle parole e alle frasi che lo codificano, a come tradurlo in lingua italiana; quindi faranno tesoro delle continue ripetizioni.

Un modo per interessare particolarmente i bambini che privilegiano l'attenzione visiva è di costruire per loro primi libri personalizzati, incollando su cartoncino di cm.10x20 sia le foto dei genitori e di altre persone conosciute, sia oggetti della loro vita quotidiana ritagliati da giornali, riviste o cataloghi. I cartoncini possono essere infilati su anelli di metallo e sfogliati, come un libro, in modo da catturare l'attenzione anche uditiva sulle parole.

È opportuno correggere gli errori di pronuncia?

I genitori spesso si preoccupano degli errori di pronuncia: ad esempio, quando il bambino non articola ancora la /r/ oppure la /s/ e dice *"tole"* per sole, oppure omette qualche consonante dai gruppi, dicendo "*tada*" per strada.

La pronuncia non deve assolutamente preoccupare. Si tratta, infatti, di un automatismo che può essere perfezionato e raggiunto attorno ai sette anni, quando si sarà completata la seconda dentizione. Che la pronuncia sia un processo automatico, pilotato da una particolare zona del cervello, è chiaro a qualsiasi persona adulta che, quando parla, si preoccupa di quello che vuole dire, e non di dove posiziona la lingua o se adduce o meno le corde vocali.

La cosa che deve catturare l'attenzione degli adulti, e spingerli a fornire modelli non è tanto la pronuncia quanto la crescita del vocabolario, il possesso di parole anche astratte e nuove, e soprattutto l'organizzazione della sintassi, ossia la capacità di capire e usare le frasi nella comunicazione sociale.

Lessico e sintassi rappresentano il corpo del linguaggio; la pronuncia è, invece, solo la perfezione articolatoria di un'attività neuromuscolare automatica. Usando un'analogia si può dire: lessico, sintassi ed usi del linguaggio sono il dolce, mentre la pronuncia rappresenta solo le ciliegine, o altra guarnizione del dolce.

Quando il bambino ha iniziato a produrre le prime parole, i genitori hanno il compito di espandere le sue conoscenze linguistiche fornendo parole nuove più precise, legandole in frasi ben costruite, da collegare continuamente a ciò che conosce, sa fare e, soprattutto, dandogli il modello verbale proprio nel momento in cui è intento ad agire.

Si tratta sempre di impegnare in qualche compito il bambino che, con la sua azione, attiva i pensieri; nello stesso tempo l'adulto che gli sta vicino gli commenta verbalmente quello che sta facendo. Ad esempio, mentre sta lavandosi le mani: *"Bravo, strusciale bene sotto l'acqua calda (o fredda) e ora guarda di chiudere bene il rubinetto. Ecco che l'acqua non scende più"*. Le parole hanno così modo di legarsi ai pensieri attivati.

Si possono anche fare domande offrendo subito la risposta, o meglio, proponendo prima la risposta e, dopo un breve intervallo, la domanda. Buoni modelli si possono offrire anche parlando a se stessi ad alta voce, mentre si svolgono le faccende domestiche, utilizzando espressioni e modi di dire abituali; oppure coinvolgendo i bambini nel ripetere poesie e filastrocche infantili, nell'eseguire semplici giochi di parole, nel proporre facili indovinelli.

Perché vocabolario e sintassi si espandano è fondamentale che il bambino sia guidato ad usare il linguaggio non solo per usi sociali, per capire e farsi capire dagli altri, ma anche per usi cognitivi, per riflettere, valutare, prevedere. Solo per gli usi cognitivi è necessaria una sintassi più elaborata e un vocabolario più raffinato (v. p. 55).

Per avviare la comprensione dei primi usi cognitivi è importante leggere ai bambini una novella o una fiaba ***prima di addormentarsi***: la fiaba deve essere sempre la stessa, per dar modo al piccolo di comprenderla ogni volta sempre meglio.

In questo modo il bambino associa il racconto orale a sensazioni piacevoli sia fisicamente, dato che è sazio e pulito, sia affettivamente, per la totale disponibilità di un adulto prediletto, e si motiva così all'ascolto di un discorso complesso. Ricercatori anglosassoni hanno evidenziato come il racconto di fiabe, che propone un uso cognitivo del linguaggio, associato a una situazione densa di benessere fisico e psichico, sia l'elemento maggiormente collegato al futuro successo scolastico.

È OPPORTUNO MANDARE IL PICCOLO AL NIDO?

Nelle pagine precedenti è stata fatta la rassegna di quante cose si deve occupare un genitore, e di quanto sia importante curare le varie autonomie del bambino. Se un genitore non ha un impegno di lavoro fisso, se sul posto di lavoro può usufruire di licenze per maternità, se pur lavorando ha una famiglia sufficientemente allargata e disponibile a mettere in atto tutto ciò che è stato suggerito, certamente il bambino non ha bisogno di questa struttura, almeno fino ai diciotto mesi.

Tuttavia le situazioni che richiedono questo aiuto sono sempre più numerose: quando i genitori lavorano entrambi, quando un genitore è single, quando le famiglie di origine sono lontane o per varie ragioni poco disponibili, sono i casi più comuni. Soprattutto nelle grandi città, gli asili nido, strutture in continua espansione, non riescono a tenere il passo con le continue richieste. I posti appaiono limitati e le liste d'attesa si allungano.

Anche nel caso che il bambino abbia la possibilità di usufruire in famiglia di figure di riferimento, sarebbe utile a partire dai due anni far frequentare il nido almeno per alcune ore della giornata. Ciò consente alla famiglia di organizzarsi meglio e di ricaricarsi per fornire al piccolo tutte le stimolazioni necessarie.

Alcune grandi industrie iniziano a mettere a disposizione al loro interno dei "***nidi aziendali***", per favorire le mamme lavoratrici, che possono in questo modo continuare a svolgere le loro mansioni lavorative e nello stesso tempo essere vicine al proprio figlio.

Meno indicate le baby-sitter, extracomunitarie o anche locali, se si limitano a procurare una cura esclusivamente fisica al piccolo assistito, e non si preoccupano o non sono in grado, di favorire l'autonomia linguistica, né tanto meno quella emotiva.

L'asilo nido, con i suoi educatori specializzati, rappresenta la struttura che, in caso di necessità della famiglia, meglio si presta per accudire ai bisogni dei piccoli sotto i tre anni, nonostante questi prediligano il rapporto singolo adulto/bambino che, per forza di cose, nei nidi non può essere mantenuto. D'altra parte il contatto con altri bambini può stimolare l'empatia e lo spirito di collaborazione, che di solito sono sperimentati in famiglia in presenza di altri fratelli.

Gli educatori dei nidi si presentano anche come i professionisti ideali per fornire precocemente ai genitori sia un profilo completo dei punti di forza e di debolezza di ogni bambino, sia i consigli più adeguati per facilitargli la conquista delle tre autonomie: pratica, emotiva e linguistica, come indicato in questo scritto.

Capitolo 5
Gli Anni della Scuola dell'Infanzia

A partire dai tre fino ai sei anni tutti i bambini hanno l'opportunità di frequentare la scuola dell'infanzia: l'inserimento in questo primo ordine di scuola oggi non è più un'opzione, ma un'esigenza.

Le possibilità educative in questo modo si ampliano: il bambino non ha più come punto di riferimento soltanto il nucleo minimo, la famiglia, ma ora viene in contatto quotidiano con un nucleo sociale, sempre sì ridotto, ma certamente allargato.

La struttura pubblica si associa così alla famiglia nel suo compito educativo, e si appresta a rafforzare ed ampliare tutte le costruzioni già avviate. I bambini del terzo millennio sono meravigliosi, ma richiedono come mai prima d'ora una cura particolare per essere guidati a sviluppare in modo armonioso le diverse intelligenze e coltivare con efficacia le potenzialità che la natura fornisce loro in abbondanza.

La scuola dell'infanzia, inoltre, introduce e avvia il compito dell'***istruzione***, il cui fine sta nel fornire gradualmente ai bambini le più importanti conquiste operate dalla specie umana nel corso del tempo, e nel provvederli di competenze e strategie efficaci per aiutarli, una volta divenuti adulti, a continuare in senso costruttivo il cammino evolutivo dell'umanità.

L'inserimento nella scuola dell'infanzia offre innumerevoli opportunità di arricchimento delle intelligenze personali e pratiche, di perfezionamento delle prime autonomie e inoltre getta le basi di competenze essenziali in ambito linguistico e logico. Non per questo la casa deve tuttavia abdicare alla sua opera, essenziale per la cura delle diverse intelligenze.

In un mondo così dominato da velocità e da virtualità non è pensabile che la scuola, da sola, possa assumersi il complesso compito sia di educare, sia di istruire. Questa responsabilità deve essere equamente condivisa dalle due strutture, famiglia e scuola, in cui i bambini finiscono col passare tutto il loro tempo, e dagli adulti che abitualmente ruotano loro attorno.

Non è forse con l'inserimento a scuola che inizia il processo di socializzazione?

A partire dai tre anni di età ogni bambino passa tutto il suo tempo o in famiglia o a scuola. Scuola e famiglia sono entrambe deputate al compito educativo delle nuove generazioni. È perciò della massima importanza che il bambino riceva da questi due contesti, e ritrovi al loro interno, lo stesso tipo di messaggi, di richieste, di valori espressi in modo più o meno esplicito.

La relazione con insegnanti e coetanei dà al bambino un'occasione straordinaria per arricchire ed espandere in ambito sociale le intelligenze personali. Innanzi tutto si allarga la possibilità di instaurare relazioni positive con un nuovo gruppo di adulti (insegnanti, custodi, autisti dello scuolabus).

In particolare il contatto con i compagni è un banco di prova eccellente per affinare l'intelligenza interpersonale: il bambino è costretto a rinunciare ad una piccola quota del proprio fisiologico egocentrismo, relativo alla conquista dell'attenzione dell'adulto o al possesso di un giocattolo, per il piacere che gli deriva dal contatto con un numero maggiore di amici.

La comparsa di un valido interesse verso i compagni, con i quali ***condividere*** attività e motivazioni, coincide con l'inizio del processo di ***socializzazione***. Anche quando il bambino è molto piccolo non è raro che si rattristi vedendo un coetaneo piangere e cerchi in qualche modo di consolarlo offrendo momentaneamente un giocattolo favorito. Dai bambini piccoli non si può pretendere più di tanto.

La vera socializzazione, tuttavia, non si basa solo sul contatto fisico, ma consiste nel partecipare alle stesse attività, nel condividere i risultati del proprio lavoro, nel riconoscere negli altri gli stessi sentimenti e nell'accettare liberamente le regole necessarie per una serena e armoniosa convivenza.

Il rapporto con i coetanei, che amplia il numero potenziale delle relazioni con gli altri, non è, come a volte si pensa, del tutto automatico e spontaneo, ma richiede da parte del piccolo una contropartita importante. Per il piacere di allargare i rapporti interpersonali infatti, condividendo con altri bambini giochi e attività, egli deve abituarsi a pagare un prezzo: rinunciare ad una piccola parte del proprio egocentrismo e condividere di buon grado con qualcun altro l'attenzione dell'adulto. Non tutti i bambini sono disposti a questo nello stesso modo, o alla stessa età.

In pratica sarà più avanti nell'intelligenza interpersonale che il bambino si presta ad aiutare gli altri, specie i compagni più piccoli, o quelli che non hanno ancora raggiunto certe competenze, come disegnare, mettere in ordine o sapersela sbrigare a tavola o in bagno.

QUAL È IL RUOLO DELLA FAMIGLIA RISPETTO ALLE INTELLIGENZE PERSONALI?

I bambini provano sentimenti intensi fin dalla nascita e i genitori sono i primi educatori responsabili, soprattutto con i modelli che essi forniscono. Fin dall'inizio della sua vita, un bambino è plasmato dagli atteggiamenti e dai valori degli adulti che lo circondano e si prendono cura di lui. Il suo carattere è in parte ereditato, ma in pratica è modificato e costruito giorno per giorno.

I genitori sanno oramai molto bene che essi devono essere entrambi coerenti nei confronti delle richieste e degli apprezzamenti, altrimenti il piccolo potrebbe trovarsi spiazzato, incerto e indeciso sul da farsi. Così pure famiglia e scuola devono fornire linee educative coerenti fra loro, oltre poi a dividersi equamente la responsabilità circa quali intelligenze coltivare in modo prioritario.

Spetta alla famiglia continuare il compito, già iniziato nei primi anni, di favorire con coerenza la crescita delle ***due intelligenze personali***, continuando da un lato ad espandere la sfera delle autonomie personali e domestiche, col rispetto dell'ordine e delle regole di convivenza, e incrementando dall'altro la crescita di una positiva immagine di sé.

La famiglia è il luogo principale e privilegiato per la costruzione del concetto di sé, per l'educazione emotiva e morale a sostegno del formarsi della propria autostima. Queste costruzioni procedono molto più lentamente delle competenze motorie, spaziali o anche linguistiche, dato che sono plasmate soltanto dall'ambiente, dai modelli che sono forniti al bambino grazie agli atteggiamenti ed ai valori osservati prima in famiglia, poi anche a scuola.

Spesso, si tende a considerare il comportamento di ogni bambino: timido, aggressivo, impulsivo, prudente come ereditato geneticamente. Il carattere, l'umore, il temperamento sono certamente ereditati; tuttavia non si considera abbastanza il fatto che, se pure può essere ereditata la tendenza verso un certo atteggiamento, questa è certamente esaltata o inibita dall'interazione con il contesto.

Le interazioni con l'ambiente finiscono inevitabilmente col prevalere nel tempo, e svolgeranno un ruolo rilevante nel rendere il piccolo dipendente o indipendente, ubbidiente o contestatore, preciso o disordinato. Comunque, soprattutto nei primi anni, le tendenze e le costruzioni fatte non sono ancora ben fissate, e possono essere sempre modificate a favore e per il benessere del piccolo stesso.

Tutti i rapporti che il bambino stabilisce con gli altri, grazie alla sua intelligenza interpersonale, contribuiscono anche alla costruzione del sé, o ***intelligenza intrapersonale***. Le due intelligenze personali sono intimamente legate fra loro e si rinforzano a vicenda: da un lato, il bambino prende coscienza che ci sono anche tante altre persone con gli stessi suoi bisogni, sentimenti, esigenze; dall'altro, sono tutte queste persone che gli rispecchiano le sue capacità o le sue manchevolezze, che lo approvano o lo criticano.

In questo modo, inizia a costruire molte microimmagini di sé secondo le risposte alle sue azioni, che gli sono rispecchiate dagli adulti significativi e dagli oggetti che sta imparando ad utilizzare. Egli formerà così immagini di sé come capace di camminare, di mangiare, di adoperare bicchieri e posate, di farsi capire, di parlare, di fare ordine o disordine, e così via.

Maggiore sarà il numero delle immagini di sé positive, maggiore sarà la fiducia che il bambino riporrà nelle proprie capacità di affrontare il rischio dell'ignoto, di impegnarsi in compiti nuovi, di esplorare aree di sapere sconosciute, cioè di apprendere. La costruzione delle prime immagini di sé sono il modello al quale egli cercherà di attenersi sempre.

La costruzione del sé e la gestione dell'***autostima*** in senso positivo non è né semplice né scontata; essa risente enormemente dei supporti forniti dall'esterno, quali l'apprezzamento da parte degli educatori di un tentativo buono anche se non riuscito, oppure l'offerta di una seconda possibilità, e soprattutto dall'ascolto e dal dialogo sereno ed empatico, dal quale emerga la necessità di limitare gradualmente il proprio egocentrismo e di rispettare le regole e i bisogni degli altri.

Genitori e educatori in genere hanno la responsabilità di plasmare continuamente l'autostima, tenendo conto delle differenti necessità: ogni bambino è diverso da ogni altro, ma tutti sono certamente lontani dal modo di pensare e reagire degli adulti. Essi vanno aiutati a passare da una modalità basata sull'egocentrismo, sull'impulsività, sul pensiero concreto, sulla facile influenzabilità, ad una modalità adulta, che però non può essere subito posta come modello, né pretesa.

I genitori possono favorire la crescita dell'autostima ascoltando e realizzando, nei limiti del possibile, le esigenze e gli interessi del figlio, per dimostrargli quanto sia importante per loro; non respingendo mai bruscamente le sue idee, anche se non si accordano del tutto con i principi degli adulti, ma cercando di offrirgli argomenti convincenti per modificarle.

D'altra parte è importante che essi sappiano accettare il suo naturale egocentrismo, che all'inizio può essere superato offrendo qualcosa in cambio; e accettare anche i suoi sentimenti negativi, confermando che tutti in qualche momento li provano. Ad una positiva autostima corrisponde una solida ***fiducia in sé*** e nelle proprie capacità di affrontare il nuovo e quindi la motivazione ad apprendere.

Per far crescere i bambini sereni e fiduciosi, Anderson e coll. raccomandano di osservare cinque principi fondamentali:

- insegnare a prendere gradualmente il controllo delle proprie azioni;
- far sperimentare il più possibile il successo;
- confermare e rafforzare la convinzione di essere capaci e meritevoli di affetto;
- saper interpretare pensieri e sentimenti anche se non espressi a parole;
- offrirsi a modello, con parole ed atteggiamenti adeguati, di come coltivare una sana e positiva autostima.

Il naturale e spontaneo atteggiamento d'affetto e di premura dei genitori verso i bisogni del piccolo influenzerà, fin dai primi giorni, tutta la sua esistenza. È di grande importanza che egli si senta amato, desiderato e libero di crescere, ma nello stesso tempo è bene anche inviargli messaggi che non è il solo a comandare in famiglia.

Quali regole è opportuno far rispettare?

Il bambino nasce egocentrico, tuttavia appare opportuno che inizi presto a pensare anche agli altri e non sempre solo a se stesso. Tutti i bambini devono essere educati ad abbandonare gradualmente il proprio egocentrismo rispettando regole condivise, cioè mostrate con l'esempio e sempre associate alla considerazione per le sue idee e per le sue esigenze.

È stata già ripetutamente sottolineata l'importanza del

rispetto delle regole, attraverso l'uso del "***no***" rivolto ai comportamenti sgraditi, sempre seguito dalla dimostrazione del "***sì***" alternativo. Con le prime conquiste di competenza linguistica si potrà offrire una breve ma chiara spiegazione del perché del "***no***". All'inizio, soprattutto per evitare i pericoli: *non spenzolarti dal balcone; non affacciarti alla finestra, non mettere le dita nella presa di corrente*... ma successivamente è bene mettere limiti relativi alle prime semplici regole di convivenza in famiglia e all'interno di piccoli gruppi sociali (mangiare seduti e composti a tavola, sapersi servire del bagno).

Imparare a rispettare le semplici regole di convivenza in famiglia, osservando i limiti imposti dai "***no***", richiede tempo, costanza e coerenza da parte dei genitori. Soprattutto all'inizio non è mai opportuno transigere. Ogni regola rispettata è un'occasione di crescita, rafforza nel bambino la fiducia in sé e nelle proprie capacità di confrontarsi con gli altri.

Una delle prime regole di convivenza sociale riguarda proprio il rispetto verso i genitori. In genere sono le madri a tollerare più facilmente i comportamenti sgarbati del figlio, giustificandolo con l'età. Niente di più errato. È invece indispensabile rendersi conto che così facendo gli confermano implicitamente che il comportamento sgarbato è giusto e accettabile.

Sarà allora molto probabile che il bambino riservi lo stesso comportamento sgarbato ad altre persone, agli insegnanti, ai compagni...; estirpare una convinzione precoce è poi molto difficile. Meglio cominciare subito a porre con fermezza un limite ai comportamenti intollerabili, esigendo il dovuto rispetto in modo costante e ripetuto nel tempo.

Le restrizioni e i divieti imposti dalle regole da un lato creano nel bambino frustrazione, ossia il senso di una barriera ai propri desideri, ma dall'altro offrono sicurezza e protezione. Inoltre l'abitudine precoce al rispetto dei limiti imposti dalle regole di convivenza prepara con la dovuta gradualità a sopportare, senza soccombere, le inevitabili frustrazioni e le difficoltà della vita.

I piccoli prepotenti, invece, crescono molto fragili e insicuri; se a tre anni sono i soli a comandare in casa, come potranno sentirsi protetti dagli adulti con i quali convivono? Come potranno costruire risorse psicologiche utili per il futuro? Guai perciò a darle subito tutte vinte.

Il genitore può insegnare al bambino come superare i momenti di delusione e di frustrazione, in quanto parte della vita. Il suo compito è di aiutarlo a gestire, anche con le parole, momentanee frustrazioni provocate dai limiti imposti. Basta usare sempre un tono di voce calmo, ma autorevole e fermo, che infonde sicurezza, e commentare: *"...so come ti senti a dover rinunciare a..., a dover smettere di..., ma è proprio necessario per stare bene tutti..."* o cose del genere. La tranquilla fermezza del genitore è rassicurante ed aiuta il bambino a sviluppare le proprie risorse.

Per fortuna, la costruzione delle due intelligenze personali procede più lentamente delle altre. I genitori possono accorgersi per tempo di piccoli segnali di disfunzione da prendere in considerazione, senza preoccuparsi eccessivamente per lo sviluppo futuro. A quest'età le costruzioni del bambino in questo campo sono ancora modificabili purché si intervenga tempestivamente.

Spesso è sufficiente una modifica anche parziale del comportamento da correggere: ad esempio, stare seduti a tavola per un tempo leggermente superiore a quello dei giorni precedenti. Sottolineare positivamente il risultato può sollecitare il bambino a proseguire nella direzione indicata.

È OPPORTUNO USARE LE PUNIZIONI?

Qualche punizione potrà essere inevitabile, purché sempre preceduta da una chiara verbalizzazione delle regole da seguire e ***annunciata in anticipo***: *"se farai... sarò costretto a..."*; sottolineando che è solo quel suo particolare comportamento, contrario alle regole stabilite, ad essere punito e non il bambino in sé. In queste occasioni il tono della voce deve essere più dispiaciuto che aggressivo. I bambini devono capire che ***la loro relazione con l'adulto non viene mai messa in discussione***.

Per alcuni comportamenti, soprattutto fuori casa, nei negozi, al ristorante, può essere opportuno, a distanza dall'evento, far riflettere il bambino sull'adeguatezza o meno della sua condotta abituale, guidandolo a trovare comportamenti alternativi possibili, che, una volta condivisi, andranno fatti rispettare.

È fondamentale che entrambi i genitori sappiano mantenersi coerenti con ciò che dicono e con ciò che promettono, ivi comprese le punizioni. L'incoerenza crea tensione e insicurezza nei bambini, che preferiscono esiti prevedibili, anche se non desiderati.

Quindi, evitare l'annuncio di punizioni, se si pensa poi di farne a meno. La punizione annunciata va sempre rispettata, per mantenersi coerenti con se stessi. D'altra parte non è la punizione che conta, ma ciò che si comunica con la postura, con lo sguardo e con il tono della voce; ed è bene che ci si dimostri sempre dispiaciuti di dover punire.

La punizione non deve mai essere fine a se stessa o rappresentare la conseguenza del cattivo umore o dell'esasperazione dei genitori, ma deve sempre servire per aiutare il bambino ad imparare. Quindi non dovrebbe essere rivolta a privare il bambino di qualche cosa o di qualche attività, ma piuttosto orientata a fargli fare qualcosa di utile, che magari non è fatta abitualmente.

Come ci si comporta di fronte ai capricci?

A volte i genitori possono trovarsi di fronte a situazioni in cui il bambino strilla, si rotola per terra e sembra del tutto incontrollabile.

Innanzitutto è opportuno non lasciarsi sopraffare dalla tensione, cercando di intervenire con il proprio potere di adulto, magari usando le maniere forti, qualche sculaccione sottolineato dalla voce grossa e dal rimprovero: *"smettila con queste sciocchezze!"* o commenti analoghi.

D'altra parte è assolutamente sconsigliato cedere, perché se il bambino si accorge che il capriccio gli fa ottenere ciò che vuole, è ovvio assistere al ripetersi, anzi al moltiplicarsi dei capricci.

Il genitore deve sapere che, quando il bambino è in preda ad un furioso capriccio, è il primo a soffrire ed ha quindi bisogno soprattutto di essere contenuto e calmato. È perciò fondamentale saper mantenere la calma, cercare di contenere, anche fisicamente con un caldo abbraccio, il bambino, e tentare di calmarlo parlando a bassa voce, facendosi sentire vicini alla sua sofferenza, fino a che il capriccio sia del tutto sfogato.

Se il bambino si sentirà capito sul piano emotivo, non solo potrà riprendersi, ma avrà un motivo in più per sentirsi legato a chi lo sa capire e consolare.

Grazie alla verbalizzazione aumentano le opportunità per la crescita della consapevolezza e della responsabilità, sia nell'educazione emotiva, sia in quella morale. Ogni bambino inizia a costruire così queste due importanti sfere educative, utilizzando tutte le risorse emotive e cognitive della propria mente, come risposta ai modelli offerti prima di tutto in famiglia, poi se possibile anche a scuola.

Cos'è e come si avvia l'educazione emotiva?

La graduale conquista di autonomie pratiche è importante prerequisito dell'autonomia emotiva: infatti, come la capacità di controllare da soli la propria vita quotidiana fa sperimentare il successo, anche la capacità di controllo sui comportamenti emotivi interiori, farà sentire i bambini degni dell'apprezzamento e dell'amore dei genitori.

L'educazione emotiva vera e propria ha inizio col riconoscere i sentimenti primari e con il codificarli con le parole. Pertanto l'educazione emotiva è una forma particolarmente specializzata di educazione linguistica (v. p. 162).

Vi sono emozioni positive come sorpresa e gioia, e negative, come collera, paura, tristezza, condivise e riconosciute da tutti gli individui in tutte le culture. Il riconoscere e iniziare a denominare soprattutto questi tre ultimi sentimenti è il primo passo per controllare le reazioni impulsive e tollerare meglio le frustrazioni.

Una precoce alfabetizzazione alla sfera emotiva è la miglior garanzia per il raggiungimento della futura maturità in questo campo. L'educazione emotiva può cominciare fino dagli anni prescolari, iniziando dal saper ***differire la gratificazione***, cioè rimandare a gustare il cioccolatino alla fine del pranzo, o l'acquisto di un oggetto desiderato al giorno dopo. Coincide anche con l'imparare ad aspettare e col tollerare la separazione dalla madre e dall'ambiente quotidiano.

In tutti questi casi il bambino deve acquisire gradualmente la fiducia nella sua capacità di stare da solo, senza sentirsi privato di un sostegno esterno. La capacità nel saper come gestire in modo autonomo il tempo libero va coltivata con cura e fatta aumentare costantemente, in modo che il bambino, crescendo, diventi sempre più capace, di proporsi da solo un'attività gradita: gioco, disegno, drammatizzazione, senza dover dipendere da un adulto che glieli organizzi.

Il bambino propositivo, capace di attivare da solo le risorse della propria mente, non avrà problemi in un prossimo futuro nell'organizzare e gestire con successo il proprio apprendimento scolastico.

La capacità di controllare le proprie risposte impulsive richiede di saper interporre un breve intervallo fra l'esplosione del sentimento e la risposta comportamentale. La collera in particolare tende a provocare comportamenti impulsivi che richiedono soprattutto di essere frenati.

L'educazione emotiva richiede la paziente e responsabile collaborazione dei genitori: al momento che il bambino mostra di provare rabbia, frustrazione o paura il genitore deve contenerlo affettuosamente per aiutarlo a superare l'impatto emotivo.

Riconquistata la calma, può offrirgli il nome del sentimento provato, aggiungendo che tutti normalmente possono provare la stessa cosa, ma che l'importante è non lasciarsi trascinare dal primo impulso. Meglio dire ad alta voce *"come sono arrabbiato, vorrei buttare tutto per terra!"*, oppure *"sono proprio impaurito, vorrei correre via..."*, ma non farlo.

Il bambino deve a poco a poco capire che è normale provare questi sentimenti, ma che è solo la risposta impulsiva che va controllata. Egli deve acquisire la consapevolezza che tutte le persone provano le stesse emozioni, ma che è necessario saperle riconoscere, nominare, e quindi imparare gradualmente a tenere sotto controllo i comportamenti impulsivi conseguenti.

Come far capire il miglior modo di comportarsi con gli altri?

Nei primi anni in particolare i bambini sono molto attenti ai comportamenti, alle opinioni e ai valori espressi dagli adulti più significativi, genitori ed educatori: essi osservano, memorizzano e si allineano ai modelli e ai suggerimenti offerti quotidianamente in modo intenzionale, o anche inconsapevole, da parte degli adulti.

I genitori in particolare rispecchiano continuamente al proprio figlio non solo l'immagine di sé e il suo valore, ma anche il modo di comportarsi nell'ambiente sociale allargato.

È bene che i genitori s'impegnino a fornire modelli per far acquisire presto al bambino il ***senso di responsabilità***, estendendo il ***rispetto*** verso tutto ciò che lo circonda. Rispetto e responsabilità prima di tutto verso le persone della famiglia, com'è già stato detto. Sapersi comportare civilmente con gli altri non è solo frutto del patrimonio genetico, ma di ciò che si è appreso in famiglia fin dai primi anni.

All'interno della famiglia deve essere sollecitato lo spirito di collaborazione a beneficio di tutti, cosa che rappresenta il nucleo di partenza per sviluppare sentimenti di ***appartenenza*** e di ***solidarietà***: doti indispensabili per una buona futura integrazione sociale e lavorativa.

La responsabilità andrà estesa a comprendere anche gli oggetti, e sarà facilitata dalla precoce abitudine all'ordine: mettere ogni cosa al suo posto, trovare un posto per ogni cosa, fare in modo che gli oggetti non si perdano, sciupino, rompano.

Responsabilità verso gli esseri più deboli, compresi gli

animali domestici: la presenza in casa di cani, gatti, canarini deve essere utilizzata non solo per giocare e magari inconsapevolmente torturare questi piccoli esseri viventi, ma per prendersi cura di loro. Il bambino deve rendersi conto che gli animali sono deboli, incapaci di farcela da soli e hanno bisogno del nostro aiuto quotidiano per sopravvivere in casa. Va quindi incoraggiato a dare loro da mangiare, a controllare che abbiano sempre acqua pulita a disposizione, a pulire la sabbiera o la gabbia; tutto può servire per costruire precocemente il senso di responsabilità, fino a formare nei ragazzi una vera coscienza ecologica.

Strettamente legata alla costruzione del sé è anche la costruzione del ***senso morale***, che procede per un continuo processo d'imitazione e interiorizzazione, e comprende il rispetto per persone e cose.

COSA S'INTENDE PER SENSO MORALE?

Il ***senso morale*** è la capacità di riflettere sul modo di comportarsi, su ciò che è bene e accettato, oppure male e riprovato dall'ambiente sociale e dalla cultura in cui si vive. Il senso morale inizia a formarsi, fino dai primi anni, grazie all'osservazione dei modelli forniti dagli adulti e alla loro imitazione; successivamente con l'interiorizzazione, mediata dal linguaggio, dei relativi atteggiamenti e comportamenti.

Il bambino viene così a formare la scala dei ***valori*** da attribuire a persone, cose, situazioni, eventi; tali valori sono strettamente legati alle norme sociali espresse da una specifica cultura.

La costruzione delle due intelligenze personali coincide con l'evoluzione affettiva, con il graduale controllo delle emozioni e degli impulsi, con l'integrazione sociale dell'individuo. È strettamente legata alla comparsa della capacità linguistica, poiché sentimenti, emozioni e regole di convivenza dovranno essere, infatti, codificati con precisione in forma di parole, e solo la verbalizzazione appare in grado di fornire prima la loro identificazione, poi la loro efficace regolazione.

Ciò che è appreso precocemente in ambito familiare, nel bene e nel male, ha radici profonde e una tenace resistenza a qualsiasi cambiamento. È importante che gli obiettivi e i principi dell'educazione emotiva e morale, adottati in casa, trovino lo stesso riscontro in quelli previsti dalla scuola dell'infanzia.

La scuola può e deve ampliare e adattare ad un ambiente sociale più allargato tutte le costruzioni già avviate nell'ambiente minimo della famiglia, ma non può sostituirvisi. Se le due strutture educative si trovano in contrasto fra loro, i risultati saranno inferiori, sia per la confusione creata, sia perché il bambino è più portato a seguire quanto insegnato in famiglia.

È dalle due intelligenze personali che si formano le motivazioni ad apprendere, ad impegnarsi e a crescere sul piano emotivo e morale. Come le altre intelligenze, anche le intelligenze personali vanno fatte costruire prima di tutto in famiglia sgretolando, a poco a poco e senza una diretta percezione, parte dell'egocentrismo tipico e fisiologico dei bambini. Fondamentali saranno sempre i modelli di comportamento e di valutazione mostrati dai genitori e dagli adulti maggiormente significativi, oltre ai loro ***atteggiamenti***, e alla percezione dei ***ruoli sociali***.

In cosa consistono gli atteggiamenti?

Gli atteggiamenti, come il concetto di sé, sono ***schemi mentali*** che si formano per imitazione del modello e successiva interiorizzazione, e che, una volta formati, orientano il comportamento e la sua valutazione.

La differenza fra il sé e gli atteggiamenti consiste nel fatto che, mentre il concetto di sé si forma attraverso il comportamento valutativo dell'adulto verso le azioni del bambino, gli atteggiamenti si creano prevalentemente attraverso la valutazione dell'adulto verso le azioni degli altri.

Si conoscono numerosi atteggiamenti; fra questi, ad esempio: *ottimista, pessimista, ludico, magico, ironico, etico, estetico, empatico, antagonista, economico, scientifico...* Ogni persona può costruirsi più atteggiamenti in modo che, secondo l'atteggiamento assunto, potrà trovare gli aspetti positivi in ogni situazione della propria esistenza, senza lasciarsi travolgere da quelli negativi.

Perciò, maggiore è il numero degli atteggiamenti che ogni individuo ha a disposizione, maggiore è la possibilità di servirsene per fronteggiare con serenità i casi della vita. Purtroppo, invece, se l'individuo ha a disposizione solo pochi atteggiamenti, è facile che diventi preda di scoraggiamenti e infelicità.

Gli atteggiamenti, come del resto tutto quanto riguarda l'intelligenza intrapersonale, si formano più lentamente in confronto alle costruzioni sia del pensiero, sia del linguaggio.

Per preparare i bambini alla vita, in un mondo così veloce e così soggetto a repentini cambiamenti, diventa sempre più urgente aiutarli a costruirsi in modo esplicito la maggior parte degli atteggiamenti, e in particolare quelli capaci di regolare il comportamento individuale nei rapporti con le altre persone, con la proprietà privata e con le istituzioni.

I genitori possono e devono fornire modelli di atteggiamenti, sia col proprio comportamento, sia con parole appropriate, mostrandosi capaci di trovare il lato positivo in qualsiasi situazione, anche in quelle negative. Ad esempio, se si perde o rompe un oggetto, invece di disperarsi, commentare: *"era proprio il momento di comprarne uno nuovo"*.

Molti atteggiamenti sono legati al ruolo sociale svolto. Gli attori, ad esempio, sanno assumere gli atteggiamenti più adatti al ruolo che stanno interpretando, anche se non lo condividono nella vita.

È IMPORTANTE SAPER SVOLGERE PIÙ RUOLI?

Insieme agli atteggiamenti il bambino comincia a scoprire i molteplici ***ruoli*** che ogni individuo tende ad assumere nel comportamento sociale quotidiano. Alcuni ruoli sono già osservati in famiglia: quello di madre, padre, marito, moglie; poi quelli che si assumono fuori casa: di acquirente in negozio o in supermercato, di vicino di casa, di viaggiatore in auto, treno, tram; inoltre quelli professionali di medico, insegnante, giornalaio, falegname.

L'esperienza con chi assume questi ruoli sociali, porta il bambino ad imitarli direttamente, se gli se ne dà l'opportunità, e, quindi, ad introiettarli e farli propri per gli aspetti più esteriori e superficiali: sia quello gestuale e motorio, sia quello verbale.

I ruoli sociali, infatti, sono caratterizzati sia da comportamenti, sia da parole, frasi e intonazioni tipiche, che i bambini, in genere, riproducono assai fedelmente nel ***gioco simbolico*** con la bambola, il garage, il negozio, quando assumono il ruolo della madre, del padre, del meccanico, del venditore.

Per un buon adattamento nella vita sociale, il bambino deve prima di tutto avere a disposizione un ampio numero di ruoli, in modo da scegliere quello che si adatti meglio ad ogni particolare situazione. Se i genitori forniranno il modello per svolgere al meglio ciascun ruolo, e gli daranno presto la possibilità di esercitarsi, ad esempio andando a comprare un giornalino, ordinando in pizzeria, sarà molto più facile per il bambino imitarlo e poi farlo proprio.

In secondo luogo, sarà necessario che egli strutturi una duplice abilità: la flessibilità nel passare rapidamente da un ruolo all'altro, al cambiare della situazione; come pure quella opposta, ossia la capacità di mantenere lo stesso ruolo per tempi ragionevolmente lunghi.

Nel riconoscere e introiettare sia gli atteggiamenti, sia i ruoli sociali, come nel caso del sé, il bambino è grandemente aiutato dai modelli forniti dai genitori, dalle opportunità che ha avuto di svolgere da solo le prime autonomie pratiche e dall'uso del linguaggio.

È BENE INCORAGGIARE IL "FAI DA TE"?

Durante tutti gli anni prescolari i bambini devono avere ampie opportunità di fare da soli, di perfezionare e aumentare le autonomie pratiche in ambito personale: mangiare, lavarsi e vestirsi, e proseguire poi con l'impegno nelle faccende domestiche: spazzare, stendere o ritirare la biancheria, apparecchiare e sparecchiare.

Tutti i bambini mostrano, in un modo o nell'altro, il desiderio di volersi impegnare in queste attività, quando le vedono svolte dal genitore. È perciò opportuno che i piccoli siano sempre coinvolti a partecipare alle attività domestiche, ovviamente al loro livello e con aiuto, perché in tal modo s'invia loro l'importante messaggio implicito: *"Sei capace; stai dando un contributo all'andamento della casa"*.

Al contrario, se sono esclusi totalmente da queste attività, ricevono, purtroppo, un messaggio, non detto, di senso opposto, ossia si sottolinea la loro incapacità, inutilità, che tende nel tempo ad inibire la costruzione positiva del sé.

Fare al loro posto è certamente più veloce e dà risultati più soddisfacenti, ma inibire la spontanea e precoce motivazione verso l'autonomia può rivelarsi molto dannosa. Quando, in un futuro più o meno lontano, sarà loro chiesto di dare un contributo alle operazioni domestiche, sarà del tutto naturale il loro rifiuto, perché i genitori li avranno convinti che questo genere di attività non è di loro competenza.

Se invece saranno stati abituati fin da piccoli a partecipare, si sarà perso un po' di tempo prezioso, ma si sarà innestata l'abitudine a contribuire, come gli altri, al buon andamento della casa. I bambini piccoli ne vanno giustamente fieri e, nel futuro, dovranno soltanto perseverare in una sana abitudine.

È tuttavia opportuno saper graduare il "fai da te", secondo un sano realismo, in modo da non dare al piccolo la convinzione di poter fare subito qualsiasi cosa.

Queste occasioni sono adatte anche ad insegnare a gestire un altro tipo di frustrazione, ossia a non sentirsi sopraffatti da piccoli insuccessi, ma a perseverare nel compito, per migliorare con pazienza le proprie prestazioni.

Come migliorare le autonomie pratiche?

Subito dopo il saper mangiare da solo, un ulteriore passo nell'ambito dell'autonomia ***alimentare*** sarà la conoscenza dei vari cibi, in modo da saperli classificare, prima in base alle preferenze personali, poi anche secondo le loro principali caratteristiche: quali alimenti sono carni, frutta, verdura, latticini.

I bambini sono molto interessati alle attività di manipolazione e di trasformazione e per loro è una festa essere invitati a partecipare, anche marginalmente e con aiuto, alle operazioni di cucina e di confezione dei cibi: impastare biscotti, spalmare tartine, preparare spremute o macedonie. Queste attività aiutano a perfezionare la loro manualità, ma soprattutto il maneggiare strumenti e materiali da adulti fa crescere notevolmente l'immagine di sé e l'autostima.

Strettamente connesse all'area dell'autonomia alimentare si situa il rispetto delle regole relative al come si mangia: seduti per tutta la durata del pasto, senza rovesciare liquidi, spargere cibi o altro sulla tovaglia o per terra, e senza disturbare gli altri, in particolare quando si va in pizzeria o al ristorante. Infine quest'autonomia comprenderà anche la partecipazione alla preparazione della tavola: a sparecchiare prima, che è più semplice e ad apparecchiare dopo.

Queste attività sono connesse più di quanto non si pensi con la capacità di classificare, di contare, di operare in sequenza: quindi con il futuro apprendimento scolastico e logico.

Un'altra vasta area di autonomia, che ben si presta alla costruzione dell'indipendenza personale infantile, è quella relativa alla ***cura della persona***: dalle attività di lavarsi le mani, i denti, al controllo degli sfinteri, con la segnalazione dei bisogni fisiologici, e all'esecuzione autonoma degli stessi.

L'uso costante dei pannoloni rappresenta certamente una comodità per la famiglia, ma ha finito con lo spostare in avanti l'età media della comparsa di questo fondamentale controllo, che ogni bambino deve costruirsi da solo, ma con l'adeguata collaborazione e guida da parte della famiglia.

Un'ultima area di autonomia personale, meno legata ai bisogni fisiologici e più dipendente dalla cultura sociale, è quella dell'***abbigliamento***. Riconoscere i propri indumenti, iniziare con il toglierseli e riporli con ordine, per poi rimetterseli, rappresenta per il bambino uno dei giochi problematici da risolvere nella prima infanzia.

Spogliarsi, lavarsi e vestirsi rappresentano un'ottima occasione per aiutare i bambini a costruirsi una rappresentazione mentale delle varie parti del proprio corpo e dei rapporti fra queste, o ***schema corporeo***.

Il bambino va coinvolto presto nell'eseguire da solo le opere di togliere e indossare i vari capi di abbigliamento, cominciando con lo sfilarsi quelli più facili come scarpe e calze, ma che soprattutto dovrà impegnarsi a ***riporre con ordine***.

Sapersi spogliare rappresenta un'importante occasione per abituare precocemente a riporre ordinatamente ogni indumento in un posto abituale. L'opportunità di lasciare tutto in ordine sarà ben compresa se poi dovrà vestirsi, perché ritrovare ogni capo nel posto giusto, quando serve, gli semplificherà il compito.

Alla scuola dell'infanzia il bambino dovrà avere la responsabilità almeno di togliersi il cappotto e appenderlo al suo posto, anche se potrà essere aiutato al momento di doverselo rinfilare.

L'***abitudine all'ordine***, che dovrà subito essere estesa ai propri giocattoli, è bene che sia instaurata precocemente, in modo che non sia più abbandonata. Quando i bambini fanno proprio precocemente il piacere dell'ordine, l'atteggiamento, spesso, viene arbitrariamente attribuito all'eredità genetica, ma è invece una vera e propria costruzione mentale.

Questa preziosa abitudine sarà automaticamente estesa a tutto il campo delle conoscenze, con effetti positivi per il futuro apprendimento scolastico e per instaurare utili capacità organizzative. Se invece sarà la mamma a mettere sempre tutto in ordine, la necessità non sarà sentita e l'abitudine non avrà modo d'instaurarsi.

L'ordine pratico è prerequisito dell'ordine logico, cioè della capacità di mettere ordine fra le conoscenze, che la scuola fornirà in futuro. Così se si vorrà facilitare la capacità di studiare con ordine logico, sarà indispensabile abituare precocemente all'ordine pratico.

In che modo l'autonomia pratica si correla con i futuri compiti scolastici?

Le attività di ***autonomia domestica*** sono correlate più di quanto si pensi con i compiti che saranno richiesti al bambino durante la scolarizzazione. Spazzare e spolverare allenano il bambino al controllo congiunto dell'occhio e della mano in attività grossolane di prescrittura. Sia con la scopa, sia con la matita, infatti, si tratta di sapere:

- impugnare correttamente uno strumento;
- saperlo dirigere in ogni direzione;
- e infine porsi il compito di spazzare tutta la stanza, oppure di colorare tutta una figura.

Sparecchiare portando via contemporaneamente una pila di bicchieri o raggruppando le posate, rappresenta una prima attività di classificazione.

Così pure in previsione di futuri compiti scolastici, è utile saper apparecchiare. Quest'attività richiede di saper allineare i piatti sul bordo del tavolo, con accanto coltello e forchetta; il bambino in questo modo anticipa e si esercita in una attività di prescrittura pratica, che prelude alla futura tracciatura di tondi e bastoni lungo una linea di base, col bicchiere come puntino sulla "i".

Inoltre se si deve disporre un piatto per la mamma, uno per il babbo, uno per il fratello si farà esercitare la ***corrispondenza biunivoca***, come base della costruzione del numero.

Con queste semplici conquiste di autonomia pratica ogni bambino è condotto a costruire essenziali nuclei di pensiero, che risulteranno molto utili in un futuro prossimo. Inoltre, poiché ***più il bambino è autonomo, più pensieri possiede*** (v. p. 82), i pensieri costruiti con le attività di autonomia rappresentano dei significati sicuri, presenti nel pensiero, ai quali collegare parole e frasi, per il preciso arricchimento dei significati codificati in linguaggio.

Infatti, se il genitore è pronto a commentare a parole quello che il bambino sta facendo proprio mentre egli è coinvolto attivamente in queste operazioni, avrà l'opportunità di far legare ai pensieri, resi attivi, lessico e sintassi della lingua italiana. In questo modo lo aiuterà ad arricchire la sua competenza linguistica in comprensione, da cui deriverà poi l'espressione.

È superfluo aggiungere che ogni tanto è opportuno lodare il piccolo per la sua partecipazione: il commento favorevole non deve però essere continuo e troppo frequente, perché il rinforzo saltuario è molto più potente. I due commenti elogiativi più utili potranno essere: *"Bravo, l'hai messo a posto proprio bene"* e, soprattutto, *"Bravo, ci sei riuscito da solo"*.

Quando poi il bambino è continuamente invitato a partecipare e a condividere attività svolte abitualmente dagli adulti, riceverà sempre l'importante messaggio implicito di ***essere capace***, che pone le basi dell'immagine di sé come individuo responsabile e competente, cementa la fiducia nelle proprie capacità, e la fierezza nel proprio apporto positivo alle attività quotidiane.

Comunque, l'impegno di maggior rilievo, in qualsiasi attività, è sempre quello di rimettere tutto al suo posto: le posate, i tovaglioli, i propri effetti personali, i propri giocattoli. L'abitudine all'***ordine pratico***, come sopra ricordato, prefigura, una volta iniziata la scolarizzazione, l'organizzazione ordinata delle conoscenze.

In sintesi l'educazione all'autonomia personale, domestica e sociale, iniziata in famiglia, ripresa e intensificata durante l'eventuale inserimento in asilo nido o nella scuola dell'infanzia, può stimolare l'arricchimento di tutte le intelligenze pratiche e personali, con conseguente crescita dell'autostima e della fiducia nelle proprie capacità; oltre a fornire le basi per una solida competenza linguistica.

L'autonomia pratica aiuta il bambino a costruire tutte le sue intelligenze, creando anche una prima fondamentale integrazione fra loro. Il bambino, tuttavia, può arricchire la costruzione di ogni singola intelligenza, con specifiche attività.

L'educazione della motricità volontaria ed intenzionale, ad esempio, si affina con i tentativi spontanei di imitazione delle azioni degli adulti, con il gioco motorio e con quella che è generalmente chiamata educazione psicomotoria, o psicomotricità, che cura sia la coordinazione del movimento globale sia quella dei movimenti fini della mano.

Cos'è la psicomotricità?

La psicomotricità, ben nota agli insegnanti, comprende tutte quelle attività che tendono alla formazione nel bambino di una motricità intenzionale e consapevole, sempre più articolata e complessa. È un metodo educativo che comprende attività e giochi di movimento ben graduati, per allenare piacevolmente l'intelligenza motoria, integrandola con quella spaziale e musicale, oltre a far prendere coscienza e conoscenza dei vari segmenti corporei e del loro uso efficiente.

La psicomotricità è particolarmente curata nella scuola dell'infanzia, dove forma in genere la base del programma educativo per i bambini, mediante attività che coinvolgono tutto il corpo, sia per controllare l'equilibrio, sia per dirigere intenzionalmente il proprio movimento.

Attività psicomotorie sono tutte quelle abitualmente proposte dalle insegnanti della scuola dell'infanzia, utilissime, raccomandabili oltre che generalmente apprezzate dai bambini. Ad esempio:

- saper variare l'andatura *veloce, lenta…* oppure *in avanti, di lato, in tondo, lentamente o di corsa, con l'estensione del corpo o raccolti, passando sopra, sotto, attraverso*;
- sapersi fermare a comando, saltare e saltellare; giocare con palle, palloncini, bastoni, cerchi;
- sapersi controllare, come nelle *"belle statuine"*;
- usare attrezzi fissi come scivoli, giostre, altalene.

Tutte queste attività offrono continue inesauribili occasioni per abituare i bambini ad elaborare il loro schema corporeo, integrando il fare col dire e con la formulazione ad alta voce di ciò che si sta facendo. L'associazione fra il movimento e il linguaggio è utile per aiutare i bambini a stabilire e fissare una precisa codifica linguistica:

- dei propri segmenti corporei e dei loro punti di articolazione: *braccia, spalle, gambe, ginocchia*;
- dei rapporti spaziali fra corpo e oggetti: *vicino, lontano, sopra, sotto, dietro, davanti, attorno*.

Insegnare ai bambini a formulare in frasi ciò che stanno facendo, o che stanno imparando a fare, è il miglior sistema per assegnare significati precisi ai termini relativi allo spazio mediante avverbi, locuzioni avverbiali, preposizioni semplici ed articolate, così da far crescere pensiero e linguaggio in modo chiaro e convergente.

Ulteriori traguardi saranno la capacità di scendere e salire le scale, prima un passo alla volta e con appoggio, poi con la classica alternanza. Il bambino sarà quindi pronto per il salto, prima da uno scalino basso, poi anche saltare un bastone o una corda stesa per terra.

Successivamente sarà raggiunto il saltello a due piedi, ed infine quello su un piede solo; tutte attività motorie che si associano bene al ritmo e quindi all'intelligenza musicale. Tutti i giochi che solleciteranno le attività ritmiche, come far rimbalzare la palla contro il muro, il salto della corda e il gioco della "campana" (o del "mondo", o della "settimana" o con altri nomi secondo le regioni) sono prerequisiti di una buona futura costruzione di numero, tempo e sequenza.

Contemporaneamente si arricchiscono le competenze del gioco motorio con oggetti: dal gioco con la palla, all'uso di carretti, dondoli, scivoli, altalene, tricicli. Le conquiste che il bambino fa nell'ambito dell'intelligenza motoria sono generalmente sostenute da una motivazione spontanea.

La famiglia, in genere, tende progressivamente a prenderne atto, ma sempre con minore entusiasmo, forse anche perché l'eccesso d'energia tende talora a danneggiare le suppellettili domestiche. Invece, è opportuno continuare a fiancheggiare e ad incoraggiare tutte queste acquisizioni nell'ambito dell'intelligenza motoria, perché andranno a formare quel capitale di pensiero pratico necessario alla costruzione di pensieri sicuri, molto utili all'arricchimento del linguaggio e del pensiero logico.

L'ulteriore evoluzione dell'intelligenza motoria avverrà con l'impegno e le abilità che ogni bambino potrà acquisire in attività di tipo sportivo, prima individuale, con *il nuoto, la bicicletta, il pattinaggio, lo sci;* e successivamente con giochi di gruppo: *il ping-pong, la palla a volo, il calcetto, la pallacanestro,* che richiedono una maggiore organizzazione dei comportamenti, col rispetto di regole e turni.

Quali attività aiutano la costruzione dell'intelligenza spaziale?

Quando il bambino ha raggiunto una sufficiente padronanza nella coordinazione del movimento globale intenzionale, potrà riutilizzare coscientemente gli stessi schemi motori, trasferendoli al movimento segmentale del braccio e della mano.

Sapersi muovere in tondo, come nel girotondo, camminare in linea retta, arrestandosi e cambiando direzione, passare attraverso una linea di birilli, sono sequenze di movimento globale, che possono essere trasferite al movimento del braccio e della mano, mentre tutto il corpo resta fermo. Se la mano regge uno strumento (gessetto, matita, pennarello) il bambino imparerà a tracciare cerchi, angoli, incroci di linee.

L'analogia e l'equivalenza fra i due tipi di sequenze motorie emerge, e potrà essere colta anche da bambini piccoli, grazie all'identico modo di descriverle con le stesse parole *"tondo, diritto, angolo"*. Si costruisce in questo modo, grazie all'integrazione del movimento e dei dati visivi con il linguaggio, l'***intelligenza spaziale*** con le sue relazioni da un lato, e la lingua parlata dall'altro, in un tutto bene integrato.

All'ingresso nella scuola dell'infanzia, la maggior parte dei bambini può già comprendere ed usare parole e frasi per codificare verbalmente le relazioni spaziali nel mondo a tre dimensioni, dato che essi si muovono liberamente, sanno dirigersi con una certa precisione e possono anche comprendere ed eseguire compiti elementari: *mettere dentro, tirare fuori, disporre sopra, sotto, accanto.*

I bambini dovranno perfezionarsi nel controllo direzionale dell'arto dominante per l'esecuzione di compiti di manualità fine, e nel trasferire le stesse relazioni tridimensionali sul piano a due dimensioni del foglio, interpretando figure, illustrazioni e poi anche i propri disegni con le stesse parole *dentro, fuori, sopra, sotto, accanto.*

Molti genitori credono di facilitare il successo scolastico dei propri figli, anticipando l'uso di strumenti grafici come penne e matite. Si trovano spesso piccoli anche sotto i tre anni con matite o pennarelli in mano, che tracciano scarabocchi, sotto lo sguardo compiaciuto dei genitori, i quali si affrettano a confermare: *"È lui che li ricerca continuamente, vuole proprio scrivere!"*. I bambini fanno volentieri tutto quello che vedono fare ai grandi. Vogliono anche guidare l'automobile; ma glielo lascereste fare?

Fare impugnare al bambino troppo precocemente uno strumento grafico minuto, come la matita o il pennarello, gli fa correre il rischio di esercitarsi nella tracciatura solo con la punta delle dita e non con tutto il braccio, come sarebbe opportuno.

I comandi che partono dal cervello devono arrivare alla mano, senza saltare né braccio né avambraccio, come invece capita ai piccoli, ai quali si fa impugnare troppo precocemente uno strumento grafico. Si consiglia di evitare l'uso di pennarelli e matite, anche se li ricercano, specialmente se si nota che tendono ad impugnare lo strumento in modo scorretto e a tracciare le aste dal basso verso l'alto.

Queste abitudini possono fissarsi creando ***automatismi*** che, invece di facilitare i futuri compiti di scrittura, tenderanno ad intralciarli, contribuendo ad alimentare difficoltà e a provocare una grafia illeggibile, la cosiddetta ***disgrafia.*** Difficilmente si nasce disgrafici, ma lo si può diventare.

L'alternativa è di fare invece usare strumenti più grossolani, come scopa o rastrello, che coinvolgono tutta la muscolatura del braccio: spazzare, spolverare, rastrellare fanno esercitare positivamente in compiti di prescrittura pratica.

Anche in questo caso, infatti, il bambino potrà esercitarsi nell'impugnare correttamente lo strumento, imparare a dirigerlo e non solo muoverlo sul posto, e infine avere come obiettivo di spazzare tutta la stanza, come già accennato nella parte relativa alle attività quotidiane (v. p. 116).

D'altra parte vi sembra più facile l'opera di un imbianchino o quella di un miniaturista? È meglio che il bambino cominci come imbianchino a gettare le basi dell'intelligenza spaziale.

Particolarmente indicati per l'elaborazione di rapporti spaziali sono i puzzles, o ***incastri***: disegni ritagliati in più pezzi, che devono essere ricomposti in base ad un modello.

La ricomposizione di un puzzle può essere effettuata in base sia ai dati percettivi, ricavati dalle linee di taglio e incastro dei singoli pezzi, sia in base ai dati cognitivi, evocati con la verbalizzazione, relativi a ciò che il bambino sa della figura da ricostruire e che può fargli prevedere in anticipo la probabile associazione fra pezzi. Ad esempio, se c'è da ricomporre un cane, avrà la testa, le gambe, la coda, disposti in un certo modo; se c'è una casa, avrà il tetto più in alto delle finestre, mentre la porta è certamente vicina alla strada.

Il bambino potrà proseguire la costruzione della sua intelligenza spaziale con le diverse attività fini della mano e delle dita, quali *infilare, ritagliare, incollare,* e culminare alla fine nel ***disegno*** e nella ***prescrittura*** in genere.

Bisogna considerare che il disegno, pur essendo designato con una sola parola, risulta sotteso da due diversi elementi: uno è la capacità strumentale di realizzazione grafica, o ***disegno convergente***; l'altro è la motivazione ad esprimere significati, o ***disegno divergente***, che racconta.

Che cosa s'intende per disegno convergente?

Col termine disegno convergente ci si riferisce al ***corretto uso dello strumento*** usato per scrivere. Il controllo motorio si stabilisce più facilmente grazie all'uso di strumenti grossolani, procedendo verso quelli di dimensioni progressivamente ridotte, e quindi più precise, fino a diventare automatico, ossia a non richiedere più una specifica attenzione.

Questo automatismo può essere favorito già in famiglia impegnando il bambino nella manovra di strumenti analoghi a penne e matite, ma di dimensioni molto maggiori, come scope, rastrelli, strofinacci, che impegnano nel gesto tutto l'arto e non solo la sua porzione distale, le dita. Molti di questi compiti possono essere svolti in età prescolare.

Il primo indispensabile stadio relativo al controllo dello strumento grafico si realizza con le attività di ***coloritura***, alle quali seguiranno, in un secondo tempo, quelle di tracciatura.

È evidente, anche se non sempre afferrata, l'analogia fra spazzare una stanza e colorare un tondo o un quadrato: nei due i casi bisogna saper impugnare correttamente lo strumento, scopa o matita, saperlo dirigere con scioltezza in ogni direzione, e infine sapere che dovrà essere passato su tutta la superficie da spazzare o colorare (v. p. 116).

La coordinazione fra l'occhio e la mano si perfeziona con la ***tracciatura*** e la ***copia*** delle linee di base: verticale, orizzontale, curva. Prima di essere in grado di guidare la mano nella giusta direzione per l'esecuzione o la copia di un certo tipo di tracciatura, l'occhio deve apprendere ad interpretare i dati visivi in termini di movimento della mano: *verticale, curvo, circolare, orizzontale, obliquo*; ad esempio, che un angolo si forma, scomponendolo nei singoli gesti, con la combinazione di due movimenti rettilinei, fra i quali interporre un breve arresto e poi cambiare direzione.

Per aiutare i bambini a stabilire un buon controllo oculo-manuale, con una stabile associazione fra la traccia visiva e il movimento adatto a realizzarla, è necessario:

- amplificare all'inizio la componente motoria, aumentando l'attrito dello strumento. Ciò si realizza facendo usare strumenti a punta più larga, come pennelli, gessetti, matite a cera. A volte prima di far tracciare subito e soltanto su fogli da disegno, può essere utile un periodo di esercitazione sulla sabbia umida o su tavolette spalmate di argilla umida o di plastilina, su cui tracciare con stiletti o con vecchie biro esaurite. Il maggiore attrito evita lo scivolare incontrollato e l'accumulo dei ghirigori, che impediscono di individuare l'ultima traccia lasciata;

- aumentare la superficie su cui tracciare. Spesso ciò che il bambino non riesce ad eseguire sul foglio può essere realizzato sul terreno o alla lavagna. Inoltre l'associazione fra movimento e tracciatura si ottiene e si rafforza anche nel momento in cui quest'ultima è cancellata.
- fare eseguire tracciature il più possibile isolate, che risaltino nettamente sullo sfondo pulito. Troppi scarabocchi sullo stesso foglio fanno perdere il controllo visivo dell'ultima traccia lasciata e l'associazione allora perde chiarezza e precisione.
- fare sempre denominare l'azione eseguita e la traccia lasciata: ***diritta, curva, angolo, cerchio, quadrato.***

Ogni bambino, tuttavia, potrà richiedere tempi diversi per esercitarsi nelle singole competenze, fino a giungere ad una corretta automatizzazione del gesto.

Che cosa s'intende per disegno divergente?

Il disegno divergente corrisponde alla capacità di servirsi di tracciature e coloriture per esprimere significati, sentimenti, emozioni in modo creativo, indipendente dal livello di abilità strumentale convergente.

Una caratteristica fondamentale del disegno divergente è il suo inserirsi dinamico in un racconto; ogni disegno dovrebbe rappresentare un fotogramma di un'azione complessa, che ha un suo svolgimento precedente ed uno successivo. I bambini che disegnano dovrebbero essere sempre chiamati a raccontare la trama completa del loro disegno, iniziando da ciò che lo precede e proseguendo con ciò che lo segue, impegnandosi anche a collegarlo con emozioni, motivi, sentimenti.

È noto che il bambino piccolo, pur essendo ancora incapace di dominare completamente lo strumento e il segno grafico, tende subito a descrivere i propri scarabocchi: *"è una barca sul mare... un uomo a cavallo..."*

Tutti i bambini, inoltre, tendono a proiettare nel disegno ciò che hanno appreso sul loro mondo, il proprio modo di vivere il rapporto dinamico con oggetti e persone. Non dovrebbero mai essere frustrati su questo piano espressivo intimo, anche se le loro capacità, strumentali e convergenti, sono ancora imperfette.

Mentre la produzione convergente richiede di essere subito impostata adeguatamente, e corretta se necessario, la produzione divergente deve essere costantemente accettata ed elogiata per il messaggio emotivo che contiene. Purtroppo, spesso gli adulti, soprattutto in famiglia, tendono con la loro critica a dare suggerimenti, e a convincere dell'esigenza di una produzione subito realistica e precisa.

La reazione immediata del bambino è allora il rifugio in una serie stereotipata di convenzionali omini, alberelli e casette. È invece indispensabile incoraggiarlo a proseguire nella sua ricerca espressiva, motivata da esigenze comunicative ed emotive, analoghe ai primi tentativi di comunicazione verbale, anche se con una competenza formale ridotta.

Col disegno libero e con la pittura essi possono e devono raccontare di tutto, esercitando libere associazioni ed interpretazioni, dando modo all'originalità e alla libertà dell'espressione divergente di essere controllata soltanto dall'emergere delle proprie capacità strumentali convergenti.

È bene lasciare tutto lo spazio possibile alla libera utilizzazione e combinazione dei segni per realizzare produzioni originali e personalizzate. I bambini raggiungeranno così l'espressione grafica creativa che, da un lato è convenzionalmente evidente, e dall'altro significa e racconta in modo personalizzato.

Le attività di disegno convergente e divergente vanno pertanto accuratamente suddivise e proposte secondo i bisogni di ogni singolo bambino, tenendo conto delle competenze raggiunte, dei suoi ritmi di lavoro e del personalissimo bisogno di gratificazione e di successo.

E l'intelligenza musicale?

L'educazione dell'intelligenza musicale trova i bambini facilmente ben disposti a partecipare: non è necessario pregarli più di tanto per far loro intonare facili canzoncine e formare gruppi per cantare in coro.

Vi è, nel canto, lo scarico di un'emozione, che libera ed unisce. Così pure l'uso di semplici strumenti musicali, dalla trombetta al tamburo, rientra nella giocosa attività dei primi anni di vita.

L'educazione musicale trova la sua radice più profonda ed utile nella sollecitazione dell'attività ***ritmica*** naturalmente inserita nella fisiologia corporea: dal battito cardiaco alle scariche ritmiche del sistema nervoso.

Tutti i genitori, e soprattutto i nonni, hanno vividi ricordi di come nei tempi passati molti giochi infantili erano organizzati attorno ad attività ritmiche, che erano svolti nei cortili e all'aperto, dove si riunivano bambini di varie età. I piccoli osservavano i più grandi e tentavano di imitarli in una serie di giochi:

- gioco della "campana", in cui si passa saltando su un piede da una casella all'altra, spingendo o tenendo in equilibrio una pietra piatta;
- gioco della palla battuta ritmicamente per terra o contro il muro cantando una filastrocca;
- salto della corda, individuale o di gruppo, spesso associato a canzoni o filastrocche;
- abitudine a servirsi delle "conte" (*Un, due, tre, la Peppina fa il caffè...*), per individuare chi deve assumere un determinato ruolo in giochi come il nascondino, l'acchiapparello...

Oggi, questi giochi sono pressoché spariti, sostituiti da quelli elettronici. L'educazione ritmica viene così ad essere trascurata, limitando la crescita dell'intelligenza musicale. E la cosa non è di poco conto, se si considera quanti importanti concetti ed attività si formano a partire da quest'intelligenza. Dal ritmo, infatti, si ottiene:

- la costruzione dei ***numeri naturali*** nella mente;

- la percezione della ***sequenza***, indispensabile per capire cause ed effetti, la soluzione dei problemi, l'organizzazione dei brani letti;
- la costruzione del ***tempo***, indispensabile per comprendere il contenuto dei racconti.

COME NASCE IL NUMERO A PARTIRE DAL RITMO?

Durante l'età prescolare i bambini dimostrano di poter imparare molte cose in modo informale sui numeri, guidati come sono dalla necessità di dare un significato al mondo che li circonda.

Ogni numero rappresenta una diversa categoria mentale, che si costituisce nella mente mediante la ***ripetizione del singolare***. Tutta la serie dei numeri risulta da ripetute associazioni della categoria mentale del singolare, corrispondente alla formula ricorrente: $n + 1$, ossia il numero precedente cui si aggiunge un altro singolare.

L'educazione ritmica fa parte integrante dell'educazione psicomotoria e andrebbe programmata per tutti i bambini a partire almeno dai cinque anni. Il ritmo è un insieme di ***simultaneità*** e ***successione***. Ad esempio, ripetere in successione ritmica un gesto, come battere le mani o indicare col dito, mentre contemporaneamente si recita una filastrocca ben scandita, aiuta i bambini a costruire i numeri nel proprio pensiero.

Fra le più comuni attività ritmiche vi è il marciare a tempo, il saltellare, il "*fare la conta*" recitando una filastrocca, come si usava un tempo nei giochi da cortile.

Contemporaneamente, i bambini hanno l'occasione di imparare i ***nomi dei numeri***, che compaiono continuamente nel parlare quotidiano degli adulti. Dapprima, i nomi dei numeri sono associati fra loro in modo confuso, ma riconosciuti in quanto appartenenti alla stessa classe.

Conoscere il nome dei numeri è il prerequisito di base per poterli poi ordinare nella ***sequenza*** convenzionale e stabilirne la ***ricorrenza***, ossia il loro ripetersi. La ricorrenza dei nomi dei primi numeri, marcata dall'aggiunta di piccole variazioni linguistiche, è quella che consente di includere le unità nelle decine, le decine nelle centinaia, le centinaia nelle migliaia e così di seguito.

Il bambino dovrà poi imparare a contare, cioè capire che per contare una collezione di oggetti bisognerà contarli tutti, senza ometterne alcuno, o contarne uno per due volte. Contando molti oggetti diversi potrà raggiungere la ***conservazione*** del numero, in quanto indipendente dalla grandezza degli oggetti contati, dalla loro forma, e dalla disposizione nello spazio.

Se prenderà poi l'abitudine a ***rappresentarsi*** i numeri quali ***configurazioni ordinate***, come nelle carte da gioco o nelle tessere del domino, potrà abituarsi a sommare e a sottrarre entro il dieci o il venti, facendo anche a meno di contare.

È utile, a questo proposito, l'uso di un semplice abaco, o cartellina su cui sono disegnati i dieci posti (Bickel, Giuntoli, 2006). Disponendo gettoni od oggetti sui posti si facilita la rappresentazione mentale dei numeri entro il dieci. La presenza di posti vuoti fa comprendere quanto manchi per completare la decina.

Si potranno, infine, introdurre le ***cifre*** e ottenere la costruzione del sistema dei numeri naturali fino al 100, con l'ausilio di un cartellone sul quale attaccare e staccare in modo ordinato tutta la serie delle cifre. Questo sussidio permette l'osservazione del ricorrere regolare delle decine e della relazione di ogni numero con tutti gli altri, in modo da facilitare la comprensione delle quattro operazioni.

Come si facilita la percezione della sequenza?

Per facilitare la percezione della sequenza è opportuno abituare i bambini a riprodurre sequenze lineari di oggetti in miniatura, o disegni su cartoncini, in corrispondenza biunivoca: dopo aver creato una sequenza modello, si danno al bambino gli stessi oggetti, da disporre nello stesso modo in corrispondenza diretta.

La riproduzione in corrispondenza biunivoca, ancora non

logica ma solo percettiva e pratica, potrà iniziare con solo tre elementi, proseguire con cinque, fino alla riproduzione di sequenze di almeno undici elementi.

Per facilitare la comparsa della relazione di sequenza logica, cioè controllata prevalentemente dal linguaggio, è necessario che il bambino riesca a riprodurre la stessa sequenza all'inverso, cioè iniziando dall'ultimo elemento; in questo caso la corrispondenza biunivoca rispetto al modello viene a mancare, e il controllo nella riproduzione è esclusivamente affidato al linguaggio.

La verbalizzazione dei rapporti di ***accanto, prima, dopo, tra*** li aiuta a raggiungere la consapevolezza di quest'importante relazione.

Le relazioni di sequenza sono continuamente poste fra elementi contigui nello spazio o nel tempo. Ogni numero si trova in rapporto preciso di sequenza con gli altri; sequenze temporali sono continuamente poste fra sillabe nella produzione di parole e fra parole nella produzione di frasi della lingua parlata; come pure continue relazioni di sequenza spaziale sono costantemente poste fra segni, parole e frasi della lingua scritta.

E IL TEMPO?

L'individuazione di semplici sequenze di azione, alla base dei rapporti temporali, è facilitata dalla rappresentazione visiva e dalla codifica verbale, oltre che dalla loro riproduzione nella drammatizzazione di attività quotidiane, nell'imitazione di posture e movimenti, nel gioco simbolico con le bambole o altro materiale miniaturizzato.

Ogni educatore pone inconsapevolmente le basi della sequenzialità temporale anche con le sue limitazioni verbali: *"Non ora, ma più tardi...", "Prima questo, poi...".* In questo modo, grazie al linguaggio, i bambini riescono a mettere a fuoco una sfera temporale prossima, ove è possibile segmentare, denominandole, le semplici azioni quotidiane, ed ordinarle in sequenza estendendo l'arco temporale da un passato recente ad un futuro ravvicinato.

La chiara comprensione della sequenza temporale è favorita dall'abbinamento fra ***simultaneità*** e ***successione***.

I bambini possono rendersi conto di simultaneità e successione mediante l'esecuzione di movimenti in sincronia, o eseguiti contemporaneamente da due bambini, confrontandoli con gli stessi movimenti fatti in successione, descrivendoli verbalmente: *"si battono le mani mentre si salta"* e poi *"prima si battono le mani e poi si salta"*.

Tutta l'educazione ritmica, a un certo livello nella nostra cultura, è il risultato di una corretta integrazione di simultaneità e sequenza di movimenti, di cui il bambino può prendere coscienza grazie al linguaggio.

Con la consapevolezza delle prime sequenze temporali, sperimentate in prima persona e di cui essi stessi siano il punto di riferimento, i bambini possono quindi iniziare a organizzare lungo un continuum organico:

- il ***presente***, come l'insieme di azioni ed emozioni del momento;
- il ***passato***, come il già fatto, toccato, visto, sperimentato;
- il ***futuro***, ciò che, in base al presente e al passato, è possibile prevedere.

I bambini possono cominciare ad individuare, mediante il riferimento verbale ad attività concrete, alcuni intervalli temporali, per segmentare il fluire del tempo. Essi possono così iniziare a suddividere il giorno in base al ripetersi di azioni quotidiane in periodi, che all'inizio saranno semplicemente parti della giornata caratterizzate da eventi ben precisi, e solo successivamente ordinati in sequenza temporale:

- la ***mattina***, dal risveglio al pranzo;
- il ***pomeriggio***, dal pranzo alla merenda;
- la ***sera***, dalla merenda alla cena;
- la ***notte***, dalla cena all'andare a letto e a tutto il periodo in cui si dorme.

Allo stesso modo, mediante la denominazione ed il riferimento ad attività della vita quotidiana, i bambini possono già prendere confidenza fin dalla scuola dell'infanzia con brevi intervalli temporali di diversa estensione e durata:

- il ***secondo***, come il tempo necessario a battere le mani, a lanciare il pallone, a saltare dallo scalino;
- il ***minuto***, come il tempo per colorare una figura, per fare il giro del cortile o della stanza;
- l'***ora*** o la ***mezz'ora*** come il tempo per il pranzo, per la passeggiata.

Queste nozioni saranno integrate più tardi, durante gli anni della scuola primaria, quando sarà opportuno affrontare la misura del tempo breve con l'orologio, e del tempo più lungo con i giorni della settimana e i mesi dell'anno.

Come possono spazio e tempo integrarsi fra loro?

È facile osservare come relazioni fra spazio e tempo s'intreccino continuamente anche se, talora, i dati sembrano riferirsi prevalentemente ad una sola dimensione. Ad esempio, una scena illustrata presenta un insieme di dati spaziali, ma essi sono individuati dall'occhio secondo una progressione temporale; la lingua parlata ha una dimensione prevalentemente temporale, ma per analizzarla a fondo sarà necessaria la sua trasformazione in forma visiva spaziale.

Il maggior contributo alla concettualizzazione del tempo si ha con la trasposizione di sequenze temporali in forma visiva e spaziale, che ne consente la permanenza e la percezione simultanea e complessiva. Così:

- una serie di eventi vissuti possono essere riprodotti in sequenza sul foglio;
- una serie di vignette illustrate possono essere collegate temporalmente fra loro a formare una storia;
- i giorni della settimana possono essere visualizzati in sequenza, illustrando i fatti principali che caratterizzano ogni giornata, come nei calendari murali che si trovano in quasi tutte le scuole dell'infanzia.

Infine, i bambini devono essere abituati alla notazione convenzionale di ***prima/dopo*** con l'ordine sinistra/destra e alto/basso, nonché all'uso di frecce, che li aiuteranno a collegare i disegni in modo temporale nei diagrammi di flusso.

All'inizio della scuola primaria, una stabile e cosciente integrazione spazio-temporale risulta indispensabile perché i bambini riescano ad acquisire, in modo rapido ed agevole, il passaggio dalla forma orale della lingua alla forma scritta e viceversa, nella lettura e nella scrittura.

Tutte queste costruzioni sono facilitate dal linguaggio?

Certamente. L'associazione con la codifica linguistica è addirittura indispensabile. Tuttavia, occorre sempre ricordare che il bambino deve prima di tutto costruire il pensiero e solo in un secondo tempo sarà possibile che egli vi associ la forma linguistica.

Bisogna però non forzare troppo i tempi: insegnare termini linguistici senza la certezza di farli associare a pensieri solidamente costruiti va considerata una controindicazione.

A volte certi genitori, che tendono a considerare il proprio figlio come l'occasione di rivincita su traguardi che sono stati loro negati, non considerano abbastanza l'importanza di impegnarlo, nei primi anni, nelle semplici attività di autonomia che sottendono la costruzione delle intelligenze pratiche, finendo col proporgli compiti linguistici fuori tempo e luogo, oppure con l'iperproteggerlo e viziarlo. Per i bambini piccoli è sempre sconsigliabile bruciare le tappe.

Troppo spesso viene anche trascurata la costruzione delle intelligenze personali, che è garantita dall'aumento dell'autonomia, dal rispetto delle regole e dall'ordine; tutte conquiste che è bene trovino sempre il punto di riferimento in famiglia.

La scuola dell'infanzia porta avanti programmi particolarmente adatti per la costruzione delle intelligenze pratiche, offrendo ampi spazi all'educazione psicomotoria e a quella spaziale, con tutte le attività a tavolino, dalle costruzioni, ai ritagli, ai collages, fino al disegno.

Quest'ultimo tuttavia richiede un'ulteriore separazione nelle sue due componenti: quelle motorie e convergenti dell'automatismo grafico, e quelle più creative, espressive e divergenti del disegno che racconta.

L'educazione ritmica non trova sempre e ovunque gli stessi spazi, dato che il periodo più adatto a sollecitarla si trova a cavallo dei due ordini di scuola, quella dell'infanzia e quella primaria.

Le attività psicomotorie, pur opportunamente proposte nella scuola dell'infanzia, sono poi sottovalutate e trascurate nella scuola primaria; come pure il disegno e l'educazione musicale, che sono considerate attività di secondaria importanza.

Eppure, specialmente nei primi anni della scuola primaria, esse rappresentano un'indispensabile sorgente di significati mentali sicuri. Tutte le intelligenze sono indispensabili se si vuole operare una proficua integrazione di ognuna con le altre.

In particolare l'intelligenza musicale, se riferita al canto, e in particolare al canto corale, è anche in grado di creare scarico delle tensioni, favorire sentimenti positivi di appartenenza, di comunione, di socializzazione.

È UTILE PARLARE MOLTO CON I BAMBINI?

Sicuramente. È solo parlando molto con loro che possiamo aiutarli ad espandere la loro competenza linguistica. Inoltre va ricordato che tutta l'educazione emotiva e morale, accennata nei precedenti paragrafi e che sarà approfondita nel capitolo seguente, è mediata dal linguaggio: saper dare un nome ai sentimenti; controllare i comportamenti impulsivi; imparare a risolvere da soli i piccoli e grandi problemi della vita.

Appena i genitori dispongono di un ritaglio di tempo libero è bene che coinvolgano il figlio nella conversazione. In questo modo egli assocerà l'uso della lingua al piacere del contatto con mamma o papà.

Durante queste conversazioni gli adulti devono preoccuparsi di mantenerlo sempre in un ruolo centrale privilegiato, mettendo in primo piano il suo contributo:

- fargli scegliere l'argomento;

- elaborare le sue proposte, aggiungendo eventuali dettagli;
- modellare le sue frasi, riproponendole arricchite di qualche particolare;
- espandergli indirettamente il vocabolario e la sintassi senza frustrarlo con correzioni dirette, né schiacciarlo con eccesso di informazioni.

Il bambino deve imparare a:

- rispettare il suo turno senza interrompere;
- mantenere il fuoco sullo stesso argomento;
- adoperare strategie di revisione quando parla, usando altri termini per dire la stessa cosa, ad esempio *"dammi quel coso... sì, quel martello"*;
- usare strategie per capire meglio, ad esempio *"cosa vuol dire...?"*;
- farsi precisare i significati quando ascolta: *"fammi capire meglio... non ho capito bene cosa hai detto?"*.

Il genitore deve offrirgli numerosi esempi esemplificativi, in modo che finisca con l'imitarli senza esservi forzato. La conversazione aiuta soprattutto a plasmare gli usi sociali, legati alla capacità di mettersi in relazione con altri adulti e coetanei.

I genitori che conversano col loro figlioletto devono ricordarsi che il linguaggio del bambino va corretto, ma mai in modo diretto, dicendo: *"Non si dice così..., prova a dire..."*. La ragione è che queste correzioni, soprattutto se troppe e continue, possono incidere negativamente sull'immagine di sé che il bambino sta formandosi come capace di parlare e che potrebbero indurlo a smettere.

C'è un solo modo per correggere qualsiasi errore nel modo di parlare del bambino: usare la ***correzione indiretta***, cioè iniziare con una affermazione positiva (che va rivolta al fatto di essersi impegnato a parlare) e riprendere in modo corretto quello che egli ha detto. Ad esempio:

- per la pronuncia: se ha detto *"pecce"* per pesce, si potrà correggere dicendo: *"certo è proprio un pesce"*;
- per il vocabolario: se ha detto *"pesce"* per dire rana, si potrà dire: *"sicuro, sembra un pesce perché sta nuo-*

tando nello stagno, ma è una rana, perché ogni tanto viene fuori dall'acqua";

- per la sintassi: se ha detto *"i pesci stanno* ***sull****'acqua"*, basterà ripetere *"è proprio vero, i pesci stanno* ***nell****'acqua, dove vivono, mangiano, nuotano".*

Come si vede, mentre si corregge è sempre opportuno espandere, precisare e arricchire le informazioni fornite dal bambino. In questo modo egli non solo non deve accorgersi di essere corretto, ma può addirittura avere l'opportunità di sentirsi valorizzato per aver detto qualcosa di giusto, di interessante.

Se il bambino si sente sconfessato e contraddetto da quel "***non***" con cui inizia la correzione, non si preoccuperà neanche di ascoltare la proposta corretta. Se, al contrario, la frase inizia con un commento elogiativo, innanzi tutto egli resterà attento per sapere in che cosa è stato bravo; nello stesso tempo, l'espansione della sua frase accentuerà l'importanza di qualsiasi sua affermazione o proposta.

Come mai, verso i tre anni, alcuni bambini iniziano a balbettare?

È normale, e quindi del tutto fisiologico, che i bambini piccoli producano ripetizioni o esitazioni nel loro parlare, soprattutto attorno ai tre anni di età. La possibile comparsa di disfluenze nel parlare dei bambini presenta due eccezionali picchi: un primo attorno ai tre anni, quando iniziano a parlare in frasi, un secondo attorno ai sei anni, in corrispondenza con l'ingresso nella scuola primaria.

In tutti e due i casi la mente del bambino si trova a subire un sovraccarico di contenuti di pensiero e di parole nuove, ed è quindi normale che egli possa avere difficoltà sia nell'evocazione di quello che vuole dire, sia nell'individuare la forma sintattica più adeguata.

La ***fluenza***, o scioltezza nel parlare, è una capacità controllata dallo stesso servomeccanismo cerebrale, che rende automatico ed inconsapevole in tutti noi l'innesco e il disinnesco, simultaneo e/o sequenziale, dei numerosi muscoli preposti all'articolazione della parola. Nei bambini piccoli questo servomeccanismo è ancora in fase di strutturazione, ed è perciò normale che essi possano presentare occasionali disfluenze.

La fluenza si acquisisce e si perfeziona con il parlare; aumenta con la crescita della competenza linguistica, con l'abitudine all'evocazione rapida dei contenuti di pensiero, e degli elementi lessicali e sintattici con cui esprimerli.

I bambini piccoli verso i tre anni parlano molto e volentieri, utilizzando al massimo la parola quale importante mezzo di comunicazione, tuttavia devono ancora perfezionare il controllo dello strumento linguistico, proprio come succede a chiunque utilizzi in fase iniziale un qualsiasi strumento: musicale (pianoforte, violino), di lavoro (ferri da calza, ricamo) di trasporto (bicicletta, automobile).

Proprio attorno ai tre anni i bambini presentano una crescita notevole e continua dei loro pensieri, che derivano dall'osservazione giornaliera di nuovi oggetti e nuove azioni della vita quotidiana, ma per l'immaturità del loro sistema linguistico, non hanno potuto ancora realizzare al meglio l'organizzazione logica del proprio pensiero.

Nello stesso tempo non hanno ancora raggiunto una sufficiente scioltezza nel combinare fra loro tutti i suoni della propria lingua per formare sillabe, nel combinare le sillabe per formare parole, mentre tendono già a cimentarsi nel combinare fra loro parole per formare frasi, e quest'attività richiede ai piccoli un gran dispendio d'energia, anche se gli adulti non ne sono consapevoli.

Un bambino che inizia a presentare disfluenze quando parla, è in genere un bambino dall'intelligenza vivace, grande osservatore, con un pensiero ricco d'idee e quesiti sul mondo; è generalmente estroverso di natura, ed ansioso di esprimersi e di essere ascoltato. Possiede una competenza linguistica che, pur essendo simile e spesso anche superiore a quella dei coetanei, non appare adeguata o sufficiente ad esprimere, come vorrebbe, il suo pensiero così ricco.

La disarmonia fra una competenza linguistica ancora fragile, un pensiero molto ricco e articolato, oltre alla motivazione ansiosa verso una comunicazione adeguata e ben accolta, può facilmente provocare le normali disfluenze tipiche della prima infanzia: esitazioni e ripetizioni di parole, specialmente se monosillabiche, come gli articoli e le preposizioni, o di sillabe all'inizio della parola o della frase. Queste ripetizioni avvengono in genere senza alcuna tensione ed alla normale velocità con cui sono articolate parole e frasi, senza alcuna consapevolezza diretta da parte del bambino.

È come se il bambino cercasse di guadagnare tempo nella ricerca di parole appropriate nel suo "magazzino di memoria", che si carica ogni giorno di nuovi esemplari senza avere il tempo di organizzarli, senza perdere il suo turno nel parlare, senza offrire lo spunto a qualcun altro di appropriarsi della comunicazione

COME SI PUÒ AIUTARE IL BAMBINO CHE PRESENTA DISFLUENZE NEL PARLARE?

In genere gli adulti sono inconsapevolmente tolleranti verso le disfluenze infantili che, nella maggior parte dei casi, passano inosservate e poi svaniscono. Soltanto quando uno dei genitori è egli stesso disfluente, o vi sono stati casi di disfluenza in famiglia, è facile che si sviluppi una particolare ipersensibilità al problema: si tende ansiosamente l'orecchio, per cogliere le prime normali disfluenze del bambino, come segno inevitabile di patologia.

Quando il bambino è piccolo, banali imperfezioni nella pronuncia o nel modo di parlare segnalano soltanto una momentanea immaturità nella strutturazione del sistema linguistico, in rapporto alla ricchezza e varietà delle sue strutture di pensiero. Le sue disfluenze sono più facilmente causate e mantenute da stress comunicativo esterno, che da fattori intrinseci interiori.

Lo ***stress comunicativo*** è sempre provocato dagli adulti che, invece di parlare ***con*** il bambino, incoraggiandolo, elogiandolo per le sue osservazioni, modellandogli parole nuove e frasi adeguate alle sue esigenze comunicative, si limitano a parlare ***al*** bambino, senza tenere conto dei suoi bisogni linguistici, comunicativi ed emotivi.

Alcuni genitori danno troppo peso alla correttezza dei suoni della lingua, e non esitano ad ammettere di sopraffare il bambino con continue correzioni; altri, invece, si preoccupano eccessivamente per le prime ripetizioni, incapaci di interpretare correttamente questi segnali.

Appena il bambino comincia ad intaccare, è naturale che i genitori inizino a preoccuparsi e a tentare di arginare il fenomeno, correggendo o dando consigli. Alcuni genitori affermano di non dire nulla al bambino, tuttavia, un genitore preoccupato finisce del tutto inconsapevolmente con l'oscurarsi in volto, aggrottare le sopracciglia e, quindi, col comunicare al piccolo la propria contrarietà.

Questi comportamenti, purtroppo, possono innescare un circolo vizioso: infatti, correzioni e consigli comportano un cambiamento nel tema della conversazione, cosa che ferisce sempre chi ha iniziato a parlare. Inoltre i segnali di contrarietà tendono ad aumentare sul piccolo lo stress comunicativo.

Gli adulti provocano inconsapevolmente stress comunicativo al bambino, anche quando:

- tendono a subissarlo di ordini e di richieste;
- esigono risposte su argomenti astratti o troppo complessi e per le sue strutture mentali;
- rispondono ai suoi messaggi con un orecchio distratto, o con correzioni penalizzanti *(non si dice così..., dillo bene...)*;
- tendono ad interromperlo, a supplire parole al suo posto, a completare le sue frasi;
- lo sottopongono ad un fuoco di fila di domande, senza dargli tempo a sufficienza per rispondere;
- correggono continuamente in modo diretto ed esplicito le sue produzioni verbali *(dì così..., prova a ripetere...)*.

Lo stress comunicativo aumenta se il genitore tende a preoccuparsi eccessivamente appena nota la comparsa di disfluenze. Il bambino piccolo si accorge presto e molto bene della preoccupazione adulta, segnalata da cenni mimici e corporei, ai quali gli adulti non fanno più caso.

Il bambino non ha alcuna coscienza del suo comportamento disfluente, dato che sia la fluenza nel parlare, sia i movimenti dei numerosi muscoli coinvolti nella parola parlata, sono programmati da un centro specifico del cervello, che nei bambini è ancora in fase di assestamento. I periodi in cui compaiono le disfluenze, infatti, si alternano spesso a lunghi periodi di remissione spontanea.

Egli è del tutto inconsapevole delle sue esitazioni e ripetizioni, ma percepisce immediatamente che il suo parlare crea sconforto nell'interlocutore. Alla lunga può finire col trattenersi dal parlare, o esserne a sua volta tanto preoccupato da fissare nel proprio servomeccanismo il germe della disfluenza.

La frustrazione si aggrava, e si colora di vergogna, se il bambino si accorge che l'argomento balbuzie è accuratamente evitato in sua presenza. A volte egli si accorge che i genitori parlano di lui a bassa voce, e s'interrompono se egli entra all'improvviso nella stanza; talora basta solo un lieve aggrottare di sopracciglia, o il distogliere lo sguardo, per generare nel bambino un senso di colpa: sono cattivo, creo preoccupazione.

La disfluenza finisce col diventare un tabù, ed egli se ne sente orrendamente marcato. Non c'è da stupirsi, se il bambino tenterà disperatamente di difendersi, cercando di non apparire disfluente; ma l'unica difesa che riesce a trovare, è lo smettere di parlare.

Così a poco a poco, se alle normali disfluenze si viene ad associare stress comunicativo ambientale, è assai probabile che alla lunga il comportamento disfluente, invece di regredire spontaneamente, tenda a fissarsi.

È perciò della massima importanza che i genitori sappiano accogliere le prime disfluenze infantili con la massima serenità e rilassatezza, sapendo interpretarne il significato e abbassando, grazie alla correzione indiretta, lo stress comunicativo.

Come ci si deve comportare se il bambino inizia a balbettare?

Quando il comportamento disfluente può essere situato nell'ambito di una balbuzie primaria, è esclusivamente indicato un intervento di ***correzione indiretta***. Questa ha essenzialmente il compito di prevenire il definitivo instaurarsi del parlare disfluente. La correzione indiretta, di cui si è già parlato (v. p. 134), è l'unico intervento attuabile finché il bambino è al di sotto dei sei /sette anni di età, o persiste nel pensiero preoperatorio.

Soprattutto è inutile, ed anzi pericoloso, dare al bambino consigli diretti per non balbettare. L'assenza, a quest'età, di una coscienza metalinguistica, impedisce al bambino di distinguere la forma dalla sostanza, il parlare disfluente dai contenuti espressi.

Una continua serie di rimproveri *(smetti di balbettare...),* o consigli *(pensa prima di parlare..., fai un respiro profondo...)* non solo non servono allo scopo, ma fanno nascere nel piccolo la convinzione che:

- c'è qualcosa che egli non fa, ma potrebbe fare, perché il suo parlare sia bene accetto;
- è colpa sua se non applica quei consigli;
- è meglio trattenersi oppure smettere del tutto di parlare, per evitare questi spiacevoli rimproveri.

Simili consigli, non solo non aiutano il bambino a risolvere il problema, ma tendono a provocargli un aumento di tensione emotiva, lo spingono ad evitare di parlare, e conducono inevitabilmente il piccolo a fissare il comportamento disfluente. Sarà invece l'abitudine di parlare volentieri a chiunque sia pronto ad ascoltarlo, che può aiutarlo a superare felicemente questo periodo di transizione.

Il bambino in età prescolare non ha in genere bisogno di un aiuto diretto, per ristabilire una normale fluenza: è sufficiente l'azione della famiglia, che si preoccupi, appena compaiono le disfluenze, di cercarne l'origine nello stress comunicativo provocato dagli adulti stessi.

Per ridurre lo stress comunicativo, provocato inconsapevolmente da richieste eccessive di adeguatezza e di perfezione linguistica, basta evitare disinteresse, freddezza comunicativa, eccesso di consigli e correzioni dirette, ma anche abituandosi a parlare con lui più lentamente, ripetendo molto, presentandogli adeguati modelli verbali, associati ad azioni eseguite con soddisfazione e con successo dal bambino, allo scopo di espandergli gli usi cognitivi.

COME SI PUÒ AIUTARE IL BAMBINO AD ESPANDERE GLI USI COGNITIVI?

Prima di tutto è importante coinvolgerlo sempre nelle attività e negli eventi abituali della vita quotidiana della famiglia. La sua continua partecipazione da un lato fa crescere e ampliare la rete dei suoi pensieri, grazie al perfezionarsi dell'autonomia; dall'altro rafforza la relazione con i genitori, che dimostrano di considerarlo in grado di fornire un prezioso contributo agli eventi di tutti i giorni. La naturale conseguenza è un consolidamento della fiducia in sé e una crescita della propria autostima.

Contemporaneamente alla crescita delle intelligenze pratiche e personali, la partecipazione ad eventi quotidiani è anche un'eccellente occasione per fornirgli modelli linguistici nuovi e vari, oltre all'opportunità di codificare verbalmente ciò che sa già fare.

Ogni evento quotidiano ha una sua trama di base, con persone che vi svolgono vari ruoli, con interventi verbali e non verbali. Questo tipo di conoscenze, considerate a torto banali, sono invece assai utili, se sono continuamente codificate verbalmente fino ad essere generalizzate attraverso numerose e ripetute partecipazioni.

Quando i bambini sono in grado di partecipare agli eventi di tutti i giorni, come, ad esempio, andare per acquisti in negozi, al ristorante o al cinema, vanno incoraggiati a partecipare non solo con l'azione ma anche con la parte parlata, *"vorrei farmi tagliare i capelli"*, oppure *"quanto costa quel-*

l'orsacchiotto?" o ancora *"cosa avete di primo?"* oppure *"due biglietti, per favore"*.

Quanto maggiore sarà stata la partecipazione attiva del bambino e la ripetizione degli schemi parlati, migliore sarà la disponibilità mentale di quei dati e la possibilità di rievocare facilmente l'evento stesso. Due elementi sono essenziali: la partecipazione attiva e il ripetersi dell'evento, magari con la successiva aggiunta dei commenti dell'adulto, che arricchiscono il significato con la codifica o forniscono ulteriori spiegazioni.

In questo modo, l'evento sarà poi memorizzato nella sua forma arricchita e codificata e aiuterà il bambino a passare dal racconto personale al ***resoconto impersonale***. Cioè lo condurrà alla capacità di rispondere alla domanda: "*Cosa si fa quando si va al ristorante?*" oppure *"quando si va al cinema,... a comperare un paio di scarpe nuove..."* sintetizzando le parti essenziali di ogni evento ed abituandolo ad esprimersi con la particella pronominale *"si"*.

La competenza linguistica è indispensabile per un solido impianto dell'intelligenza logica. È stato già sottolineato come prerequisito di questa intelligenza sia l'abitudine all'ordine nelle attività della vita quotidiana (v. p. 116).

Abituare a codificare gli elementi connessi a sequenze e classificazioni, con le parole: *uguale, differente, più grande, più piccolo, il più grande,* aiuta la formazione degli schemi dell'intelligenza logica. Il bambino allarga il suo repertorio di usi cognitivi soltanto se gli si dà la possibilità di parlare e di fare propri i modelli proposti dagli educatori.

Durante l'interazione in comuni attività domestiche pratiche, i genitori hanno il compito di fornire sempre modelli linguistici per codificare gli oggetti, loro parti e attributi, i rapporti spaziali. È bene evitare di spiegare troppo, ma sostituire le spiegazioni con molte domande, per partire da quello che il bambino già sa, per poi riprendere tutto quanto da lui detto, e riproporlo alla fine in forma ordinata di discorso.

Altre situazioni che possono essere utilizzate allo stesso modo per arricchire la competenza linguistica, sono: programmi visti in TV, la vita scolastica, i viaggi. Per essere recuperate con facilità e rapidità, tuttavia, anche queste informazioni devono essere state ripetutamente elaborate sia col fare, sia col dire.

Non basta che i bambini partecipino una sola volta perché l'evento, soprattutto quando è eccezionale, sia fissato con tutti i suoi dettagli. Proprio perché è eccezionale, l'attenzione dei piccoli si sofferma prevalentemente sul fare, e quindi sugli aspetti di pensiero, trascurandone la codifica, cioè il dire.

Il dire, anche se è presentato come utile commento (e spesso non lo è), di fronte alla novità sarà generalmente trascurato. Di conseguenza l'esperienza, non codificata, difficilmente potrà essere recuperata nella sua interezza e complessità.

A volte, invece, anche gli insegnanti della scuola primaria pensano, erroneamente, di facilitare ai bambini l'evocazione, dando loro da svolgere temi scritti, su cosa hanno fatto durante l'estate, o il fine settimana appena trascorso.

QUAL È IL LINGUAGGIO PIÙ UTILE PER FAVORIRE IL SUCCESSO A SCUOLA?

Il bambino impara a capire e ad usare la sua lingua materna arricchendo il patrimonio di vocaboli e abituandosi a combinarli per ottenere le frasi, che lo mettono in grado di agire con e su gli altri.

Tuttavia le parole e le frasi, pur ampiamente sufficienti per realizzare gli usi sociali, non bastano. La chiave del successo a scuola è legata all'abitudine a capire e a tentare di esprimersi, con il terzo livello di complessità: quello offerto da più frasi legate in un discorso. Maggiore sarà l'esposizione al ***linguaggio/discorso orale***, migliori le possibilità di preparare il bambino per l'ingresso a scuola.

Una facile attività per iniziare a comprendere il linguaggio/discorso è narrare ripetutamente storie di famiglia, di genitori, nonni, zii e altri parenti, magari associate a vecchie fotografie. Ascoltare queste storie inculca inoltre nei bambini un senso di appartenenza al gruppo, che le rende estremamente piacevoli.

Dato che difficilmente si usa, nel parlare familiare, la forma complessa del discorso, è opportuno impegnarsi insieme a leggere ad alta voce per ampliare il vocabolario, espandere la struttura sintattica, preparare alle abilità narrative e all'uso del linguaggio figurato e più astratto.

È bene che il bambino soffermi la sua attenzione sullo scritto?

Una famiglia che valorizzi il linguaggio scritto in genere favorisce sempre nei bambini l'interesse per la lettura. Siamo circondati da scritte di tutti i tipi. Dalle insegne dei negozi, alle targhe delle strade, ai giornali.

La relazione fra orale e scritto può essere precocemente messa in evidenza anche mediante il materiale che circola più frequentemente per casa. Alcune iscrizioni che interessano particolarmente i più piccini sono quelle che si trovano sulle confezioni alimentari preferite, come succhi di frutta, biscotti, latte. Sono sempre in grado di riconoscerle, prima di tutto per i colori, ma anche per quei caratteristici segni e disegni che campeggiano in insieme al nome della merendina, dello yogurt, delle caramelle.

È consigliabile estendere questa capacità di lettura globale spontanea a tutti i generi alimentari più spesso acquistati al supermercato, anche se non proprio per loro: ad esempio conserve di pomodoro, pasta, detersivi, dentifrici. Le etichette quando sono facilmente riconosciute sulle scatole grazie al loro formato tipico, possono successivamente essere staccate, incollate su cartoncini, per formare un libro da leggere.

I bambini saranno inoltre introdotti positivamente alla lingua scritta da un genitore amorevole e paziente, che si presti con la lettura ad alta voce a costruire giocosamente le loro abilità metalinguistiche.

È importante quindi che i genitori dedichino parte del loro tempo a leggere con e per i figli. Non basta prendere un libro e mettersi a leggere ad alta voce, è opportuno rispettare alcuni specifici accorgimenti.

COME SCEGLIERE I LIBRI DA LEGGERE AL BAMBINO?

Il primo elemento importante è la scelta del libro che deve presentare argomenti adeguati agli interessi del bambino, non solo quindi storie, ma anche informazione sul mondo, dialoghi o scenette di vita quotidiana, in cui sia facile al piccolo immedesimarsi.

Il secondo elemento è la difficoltà linguistica, che andrebbe mantenuta appena un poco più avanti delle sue capacità. È opportuno che il testo abbia parole e frasi che si ripetono spesso, perché lo incoraggiano a prendere parte alla lettura espandendo così il linguaggio conosciuto. Anche la presenza di testi in rima è d'aiuto.

Lo stesso libro andrà letto e riletto più volte in modo da favorire la comparsa dell'anticipazione, piuttosto di andare alla ricerca di nuove letture.

Se il bambino è molto piccolo, è sufficiente leggere insieme materiale illustrato, indicando, denominando, facendo domande ed elaborando. È opportuno lasciargli sempre l'iniziativa quando c'è. All'inizio potranno essere usate illustrazioni di oggetti singoli, poi di eventi abituali in cui sono coinvolti gli oggetti già illustrati, infine vignette in sequenza.

L'adulto deve rinforzare l'ascolto del piccolo ripetendo spesso ed espandendo ciò che dice. Se l'adulto avrà sempre ripetuto gli stessi commenti, il bambino potrà ripeterli oralmente in presenza delle stesse figure, come se leggesse.

In genere è opportuno proporre sempre lo stesso libro e le stesse illustrazioni, in modo che abbia l'opportunità di far proprio il linguaggio elaborato.

Quando è abituato ai libri e alle storie, si può passare ad illustrazioni con sotto un breve scritto. All'inizio, oltre a mettere a fuoco i personaggi e gli eventi della storia, è anche opportuno collegare ogni tanto l'orale con lo scritto:

- seguendo col dito il rigo e le parole che vengono lette;
- indicando ove compaiono i nomi dei personaggi o elementi particolarmente salienti o ripetuti della storia;

- chiedendo al bambino di indicare le parole che inizia a riconoscere o anche solo qualche lettera.

Altre conoscenze che può trarre dalla lettura insieme al genitore sono:

- la differenza fra lo scritto e altri segni;
- come si tiene e si sfoglia un libro;
- da dove si incomincia e come ci si muove sulla pagina in senso sinistra-destra e dall'alto verso il basso.

Leggendo bisogna ripetutamente commentare, domandare, elaborare attorno all'argomento, cosa che aiuta sia l'espansione della competenza linguistica, sia la codifica e l'organizzazione delle conoscenze.

Come far partecipare il bambino alla lettura ad alta voce?

Dopo aver letto ripetutamente la stessa storia, è possibile iniziare a leggere insieme, mantenendo sia il ritmo, sia il significato. Può anche essere usata la lettura alternata: ognuno legge un paragrafo, riservando al bambino le frasi che si ripetono più volte.

Per facilitare la comprensione è importante:

- mettere bene a fuoco nelle illustrazioni i personaggi e la situazione;
- collegare, se possibile, gli elementi della storia con le esperienze e con le conoscenze del bambino;
- mettere in evidenza i motivi delle azioni;
- collegare i sentimenti e le reazioni dei personaggi con le relative conseguenze;
- raccontare di nuovo l'intera storia dopo averla letta;
- arricchire la storia con dettagli che non vi erano originariamente.

Con la lettura ad alta voce insieme al genitore, il bambino è in grado di espandere le sue conoscenze del mondo, di arricchire la competenza linguistica e di iniziare a prendere dimestichezza con l'organizzazione delle storie.

L'ATTUALE MONDO TECNOLOGICO È COMPRENSIBILE PER I PICCOLI?

Molti genitori si estasiano davanti alla facilità con la quale il loro bambino si impadronisce dell'uso del telecomando: *"Sa cambiare i programmi e trova proprio quello che cerca!"* oppure: *"Sa perfettamente come inserire la sua cassetta preferita!"*.

In pratica, tuttavia, per il telecomando basta premere un bottone, esattamente come per accendere la luce, suonare il campanello di casa, far salire o scendere l'ascensore. La cassetta è facilmente riconoscibile dalle figure, basta darle una piccola spinta, per inserirla nel posto giusto.

Certamente i bambini sono affascinati dalla facilità con la quale possono arrivare a compiere quasi giochi di prestigio, facendo apparire immagini colorate e sonore in movimento. Tuttavia l'impegno mentale per risolvere questo tipo di problemi è minimo. Non c'è paragone con le difficoltà che vanno risolte per arrivare a giocare con la palla o ad andare in bicicletta. Capire quello che trasmette la TV o la cassetta è un altro discorso.

In molte famiglie la TV funge da bambinaia. Quando la mamma ha bisogno di tempo per le sue faccende, trova comodo piazzare il piccolo davanti allo schermo, sicura di saperlo tranquillo per un certo tempo. La TV, anche quella per i bambini, tuttavia presenta grosse difficoltà per essere capita. Le immagini sono troppo veloci, manca la tridimensionalità e tutti gli altri caratteri fisici del mondo reale: odore, tatto, consistenza.

Nei cartoni animati in particolare, le informazioni sono molto lontane dalla realtà: il gatto Silvestro, perennemente sconfitto, dopo essere saltato in aria ricompare vivo e vegeto; fa salti e capriole incredibili sfondando intere case senza neanche farsi troppo male, e così via. L'adulto sa che sono cose impossibili, ma per il bambino piccolo, che è molto motivato a capire come vada il mondo, tutto può essere vero. Il parlato è pure sempre troppo veloce, poco ripetitivo e poco adatto a codificare i pensieri di un bambino che, stando seduto e immobile di fronte al video, non ne attiva alcuno.

Di fronte a tante difficoltà di comprensione il bambino finisce col trovarsi confuso nelle sue conoscenze. Sta sì tranquillo, ma finisce con l'essere quasi ipnotizzato dal susseguirsi delle immagini; e, non solo non ne trae vantaggio, ma alla sua tenera età quello che non è vantaggioso può purtroppo diventare nocivo.

Non si vuole demonizzare la TV, che è uno strumento: proprio per questo, va saputa usare. Nei primi anni meno si adopera, meglio è. Del resto è il bambino stesso che, per primo, tende ad ignorarla, se gli adulti sono disponibili a giocare, e soprattutto a lavorare in sua compagnia. È come se si accorgesse che il suo maggiore vantaggio sta nella costruzione diretta dei nuclei delle sue intelligenze.

Quando sarà più grandicello, e avrà disponibili da un lato molte informazioni sicure sul mondo reale e, dall'altro, possederà un linguaggio ben formato, potrà usare con successo anche il mezzo televisivo, soprattutto per raccogliere informazioni tramite gli eccellenti documentari sul mondo animale, sui luoghi lontani, sugli avvenimenti del passato.

Per il bambino piccolo vanno meglio le cassette registrate, anzi una sola cassetta, che permette di riascoltare più e più volte la stessa storia. In questo modo si riduce il problema dell'eccessiva velocità e varietà sia del video, sia dell'audio.

Inoltre si raccomanda di mettere a sua disposizione anche un libro con la stessa storia della cassetta, da leggere insieme al genitore, che potrà riportare il ritmo di comprensione entro limiti più accettabili per la riflessione e l'immaginazione.

Passare continuamente da un programma televisivo all'altro senza seguirne interamente uno solo, premendo in continuazione il telecomando, è detto ***zapping***. Questa cattiva abitudine, sta creando nella maggior parte dei bambini, anche intelligenti, un atteggiamento di zapping mentale, ossia l'abitudine di passare da una cosa all'altra, senza mai sentire il bisogno di terminare un'operazione, per non parlare poi di riflettervi sopra. L'abitudine a non soffermarsi mai su alcun argomento, e a passare rapidamente da una cosa all'altra con lo zapping attentivo, potrà rivelarsi dannoso al momento della scolarizzazione.

Un altro discorso meritano i computers, oggetti oramai comuni in ogni casa. I giochi di abilità percettiva purtroppo non aiutano alcuna delle sette intelligenze, ma solo la prontezza dei riflessi visuo/motori, utili per quanto riguarda la destrezza, ma meno utili al formarsi del pensiero logico.

Inoltre questi giochi tendono a creare una sorta di dipendenza, come una specie di droga; si sono letti recentemente sui giornali cronache, che riferivano disturbi del sonno o addirittura fenomeni critici, indotti dal troppo uso e dalla prolungata permanenza di fronte al piccolo schermo, per un eccesso di *stimolazione luminosa intermittente.*

Meglio rimandare l'uso di questi strumenti all'età scolare, e farli utilizzare per la scrittura, per il disegno, per la raccolta ordinata delle informazioni. Comunque, sempre come strumenti in aiuto ad attività da svolgere in primo luogo con la propria mente, ma che possono aiutare a raggiungere più velocemente certi risultati, o raggiungere scopi per i quali la sola mente può non essere sufficiente.

Capitolo 6
Gli Anni della Scuola Primaria e Oltre

È ancora importante continuare con l'autonomia pratica?

In genere, se il bambino è stato allenato al piacere del "fai da te" fino dai primi anni, la famiglia non ha oramai più bisogno di affaticarsi troppo a stimolare la sua partecipazione alle attività di autonomia personale e domestica. Si può dire che in questo campo si è ormai venuto a formare quel circolo virtuoso, grazie al quale l'autonomia già instaurata genera di per sé, con un meccanismo di rinforzo intrinseco, nuove forme di autonomia, e i genitori possono quindi vivere di rendita.

Tuttavia, la conquista di autonomie, soprattutto nel campo pratico, non ha limiti: molte attività sono oggi cadute in disuso, come fare la maglia o ricamare. Saper cucire ha ancora oggi dei vantaggi per tutti: ad esempio, per attaccarsi un bottone o rifare un pezzo d'orlo scucito. Saper cucinare, gonfiare la ruota della bicicletta, fare piccoli lavori di falegnameria o di manutenzione casalinga può essere da un lato motivo di soddisfazione e dall'altro arricchimento del proprio pensiero. Vale sempre il vecchio adagio: *"Impara l'arte e mettila da parte"*.

Quando sarà cresciuto, e in grado di controllare maggiormente il proprio comportamento, oltre ad avere raggiunto una maggiore conoscenza del proprio ambiente, l'educazione all'autonomia pratica potrà essere spostata all'esterno delle mura domestiche, in altri ambienti chiusi. Si tratta di trasferire i comportamenti autonomi già acquisiti, come lasciare in ordine, non sporcare, comportarsi in modo adeguato a tavola, nelle case degli amici, al ristorante o in pizzeria, in palestra, o nei negozi ove effettuare piccoli acquisti.

Sapersi organizzare nelle attività sportive e in quelle quotidiane scolastiche significa sapere con che cosa riempire il borsone per la piscina o per la danza e, con l'ingresso nella scuola primaria, come preparare la cartella per il giorno dopo. Troppe mamme si impegnano in queste attività e precludono così ai propri figli di raggiungere un utile e indispensabile tassello di ulteriore autonomia pratica.

È questo il momento per affrontare il controllo del comportamento anche nei luoghi aperti e, in particolare, l'educazione stradale: conoscere e rispettare le regole per l'attraversamento di strade e piazze, come utilizzare i mezzi pubblici di trasporto. In questo caso: acquistare il biglietto, controllare l'orario, il binario del treno o il numero dell'autobus. Nel caso dei viaggi in auto: interessarsi al tragitto, scegliere quello più comodo o il meno trafficato, tenere conto dei punti di riferimento (monumenti, insegne).

Quasi sempre, i bambini sono trasportati in modo passivo, senza farli partecipare alle varie tappe per raggiungere la meta, mentre l'autonomia in questo campo è la premessa di una futura capacità organizzativa.

Come si collega l'autonomia pratica con il successo scolastico?

L'autonomia pratica è il prerequisito indispensabile all'instaurarsi dell'autonomia logica, ossia all'autonomia nell'apprendimento scolastico, che avviene prevalentemente tramite il linguaggio.

Il bambino a sei anni inizia, con l'ingresso nella scuola primaria, il lungo percorso della scolarizzazione, che sarà per lui fonte di piacere soltanto se sarà associato alla percezione dell'armoniosa crescita delle proprie conoscenze e guidato volontariamente.

Un consiglio in particolare alle mamme: nei primi giorni

di scuola sappiate resistere alla tentazione di sedervi accanto per "aiutarlo" nei compiti. Standogli accanto, invece di aiutarlo, si corre il rischio di impigrirlo: il bambino, infatti, si accorge subito che il genitore è in grado di eseguire i compiti prima e meglio di lui, e quindi sarà felice di farseli fare.

Inoltre, dal momento che il genitore è sempre presente, il bambino finisce col convincersi di essere incapace di lavorare da solo, inibendo a poco a poco la costruzione dell'immagine di sé come studente capace di apprendere, e la costruzione della propria autostima.

I compiti dovrebbero avere lo scopo di facilitare la generalizzazione di certe competenze acquisite in classe, ma se li farà l'adulto il bambino non avrà l'occasione di generalizzare ciò che è stato spiegato. Col passare degli anni poi, i genitori potrebbero non essere più in grado di seguirlo, ed è allora necessario ricorrere alle ripetizioni, che continueranno a non aiutare la crescita intellettuale del ragazzo, ma serviranno soltanto allo scopo immediato di aver compiuto il rito di andare a scuola con il compito fatto.

La responsabilità di eseguire da solo i compiti a casa fa parte dell'***autonomia logica***, che il bambino dovrà costruirsi autonomamente, com'è avvenuto per l'autonomia pratica, se vogliamo che egli si formi il piacere dell'apprendere.

Ciò non significa che mamma o papà si disinteressino di ciò che richiede la scuola, cosa della massima importanza per il bambino. Ma è sufficiente che partecipino emotivamente a quanto avviene ogni giorno a scuola, e che a casa si mettano a sua disposizione per un aiuto occasionale, solo in caso di necessità e dietro richiesta diretta.

A compito finito il bambino potrà ricevere un commento elogiativo per la rapidità di esecuzione e, se lo desidera, per un controllo globale. La cosa più importante è che i compiti siano finiti abbastanza rapidamente, per consentire al bambino tutto il tempo per dedicarsi al gioco o ad altre attività: sport, musica, danza, che è bene continuino ad arricchire le intelligenze pratiche.

E per quanto riguarda il linguaggio?

Il compito dei genitori per quanto riguarda il linguaggio va rivolto soprattutto a incoraggiare la lettura, mettendo a disposizione libri e giornali divertenti. I genitori a loro volta possono fornire adeguati modelli in tal senso, mostrando che leggere è piacevole e divertente, riferendo spesso spunti interessanti ricavati dalla carta stampata.

È utile continuare a leggere insieme, soprattutto la sera prima che il bambino si addormenti, per far associare la lettura alla piacevole sensazione di avere un adulto tutto per sé, in un momento di benessere fisico e di piacevole rilassamento.

La comprensione di ciò che il bambino legge non è subito totale, ma può formarsi gradualmente, modellata dall'esercizio mentale necessario per la costruzione dei significati, per voler sapere *"come va a finire"*. Leggere molto, volentieri e per il proprio piacere è l'unico modo per garantire la crescita spontanea degli usi cognitivi e delle varie forme del ***linguaggio discorso***, ossia della combinatoria di frasi fra loro, per elaborare qualsiasi argomento.

A volte con l'ingresso a scuola possono comparire episodi disfluenti. Che fare?

È normale che fino ai sette otto anni il servomeccanismo cerebrale, che presiede alla fluenza nel parlare, non si sia ancora definitivamente costituito. Si sa che i periodi in cui compaiono più facilmente le disfluenze sono due: attorno ai tre anni di età, quando il bambino si confronta con la costruzione delle frasi, e di questo abbiamo già parlato, e attorno ai sei anni, in corrispondenza con l'ingresso nella scuola primaria.

La scuola primaria tende inconsapevolmente ad accentuare lo stress comunicativo sui bambini, con il continuo aumento di nuovi vocaboli, con il confronto con il discorso scolastico e le regole da rispettare in questo contesto sociale allargato, ove si ampliano i rapporti non solo con nuovi adulti ma anche con nuovi compagni.

Il bambino può finire con l'associare inconsapevolmente all'atto del parlare le continue frustrazioni e penalizzazioni, dovute a risposte fredde, distanti, troppo complesse o dettate dalla preoccupazione, e col costruire un'immagine di sé, come parlatore, mortificata e dominata dal timore di future risposte negative da parte degli altri.

Può iniziare così per tempo a difendersi, riducendo dapprima i propri messaggi al minimo indispensabile, poi rinunciando, ed infine evitando di parlare, per proteggersi da frustrazioni e penalizzazioni. La rinuncia alla comunicazione, tuttavia, è di per sé una grave punizione che il bambino s'infligge da solo, senza contare che, in età evolutiva, per acquisire a fondo il codice verbale è indispensabile parlare di più, non di meno.

Dato che il bambino si trova ancora nel periodo preoperatorio, i consigli già dati per le prime disfluenze sono ancora validi: usare sempre la correzione indiretta, cercare di favorire l'organizzazione logica del pensiero, abituando a collegare contenuti mentali e parole nuove col maggior numero di connessioni logiche e, soprattutto, migliorare l'autostima del bambino impegnandolo nelle attività in cui riesce meglio ed esaltando i suoi successi.

QUALI SONO LE ATTIVITÀ PIÙ IMPEGNATIVE, CHE IL BAMBINO DEVE AFFRONTARE AL SUO INGRESSO NELLA SCUOLA PRIMARIA?

L'ingresso nella scuola primaria richiederà in particolare un grosso impegno per l'acquisizione di due attività, che dovranno rapidamente divenire automatiche: il passaggio dalla forma orale alla forma scritta, e il calcolo aritmetico. Per un adulto queste due competenze sono già automatizzate, cioè non richiedono più alcuno sforzo d'attenzione; ma per un bambino esse esigono, almeno per un certo tempo, notevoli risorse attentive prima di essere rese automatiche, in quanto richiedono la formazione, in sede cerebrale, di un centro analogo a quello che presiede alla pronuncia, che funzioni da servomeccanismo sia per la grafia e l'ortografia, sia per il calcolo aritmetico.

È opportuno che la famiglia si affidi totalmente alla scuola per quanto riguarda i modi ed i tempi d'attuazione di queste competenze, senza interferire. Gli insegnanti oggi dispongono di strumenti e strategie molto migliori di quelle di un tempo; attualmente è possibile garantire a tutti gli alunni una corretta automatizzazione di ortografia e calcolo ***entro i primi due anni*** della scuola primaria, utilizzando progetti innovativi, come il Progetto Galileo, adottato da tempo in alcune scuole di varie regioni italiane, mentre un genitore può solo affidarsi ai suoi ricordi, che possono risultare superati dal tempo.

È importante che, per tutto l'arco della scolarizzazione, i genitori conoscano e condividano con gli insegnanti le tappe, le finalità e gli obiettivi della scuola. I compiti e le responsabilità devono essere però suddivisi in modo complementare: la famiglia delegherà alla scuola la parte di competenza tecnica specifica, mantenendo invece attivo il proprio ruolo educativo nel settore delle autonomie pratiche, delle attività extrascolastiche e soprattutto dell'educazione emotiva e morale.

Un proficuo ed efficace percorso scolastico ha bisogno del contributo di tutte e due le strutture ove il bambino passa il suo tempo, la famiglia e la scuola; solo in questo modo sarà motivato a costruire e ad utilizzare con profitto gli usi cognitivi del linguaggio. Sono questi gli usi che contribuiranno a consolidare in ogni alunno l'autonomia logica, e che rappresentano la migliore garanzia per la formazione delle cosiddette "funzioni esecutive", responsabili del comportamento autonomo del futuro giovane e del suo sicuro successo nella scuola e nella vita.

COSA SONO LE FUNZIONI ESECUTIVE?

Con l'apprendimento della forma scritta della lingua e il progressivo ampliamento delle conoscenze e dei compiti da svolgere in ambito scolastico, la mente umana si organizza in modo da gestire autonomamente funzioni complesse, che richiedono un impegno sempre maggiore nella rievocazione di contenuti mentali e nell'uso economico della memoria di lavoro; tali attività della mente sono state chiamate funzioni esecutive.

Le ***funzioni esecutive***, strettamente correlate con l'emergere dell'intelligenza emotiva e morale, presiedono all'autocontrollo e all'autoregolazione del comportamento. Esse sono ereditate soltanto in minima parte, ma devono essere attivamente costruite da ogni bambino in seguito all'apprendimento scolastico, che richiede il continuo uso di un linguaggio elaborato e la costruzione di comportamenti cognitivi e sociali progressivamente più adattati e complessi.

Queste funzioni, che alcuni Autori chiamano ***disposizioni***,

- predispongono all'autoregolazione del comportamento, inibendo soprattutto l'iperattività sul piano motorio;
- aiutano a mantenere l'attenzione su compiti astratti per periodi di tempo progressivamente più lunghi;
- sviluppano la capacità di rimandare la gratificazione e di persistere nel perseguire un obbiettivo, nonostante le possibili frustrazioni;
- favoriscono l'apertura verso nuove conoscenze o nuove attività, in una parola verso il futuro, mantenendo la persona in un atteggiamento di fiducia e di ottimismo;
- orientano i comportamenti attuali, in vista di risultati spostati in avanti nel tempo.

Le funzioni esecutive sono strettamente connesse con la capacità di focalizzare selettivamente l'attenzione su compiti astratti, utilizzando al meglio la memoria di lavoro per la pianificazione e l'organizzazione delle proprie attività.

Rientra fra queste funzioni l'autocontrollo nell'esecuzione di complessi compiti d'apprendimento, e la capacità di orientare e guidare flessibilmente ogni attività mentale.

Il ragazzo che ha costruito tali funzioni:

- sa liberare e indirizzare la sua attenzione e i suoi interessi verso gli ambiti cognitivi astratti, sia come compiti scolastici, sia come ricerche autonome, ignorando le gratificazioni immediate, ma passive, offerte da cinema, televisione, videogiochi;
- è incoraggiato a studiare con costanza, ad eseguire rapidamente e da solo i compiti scolastici;
- sa come prefiggersi obbiettivi a breve e a medio termine, e come persistere nel raggiungere gli obbiettivi prefissati.

Tali funzioni sono decisive per il successo nell'apprendimento formale, soprattutto a livello di scuole superiori e universitarie, ma i loro nuclei di base devono essere costruiti precocemente. È indispensabile che ogni bambino ne costruisca i nuclei e le premesse entro il periodo preoperatorio, ossia entro il primo biennio della scuola primaria, in modo da farli elaborare e rafforzare negli anni successivi, grazie al progressivo aumento ed all'efficace integrazione della propria mappa cognitiva.

Come può la famiglia favorire le funzioni esecutive?

L'educazione delle funzioni esecutive costituisce uno dei compiti prevalenti della scuola. Tuttavia la famiglia non può rinunciare al suo ruolo educativo in questo settore, ed è tenuta a rispondere anche di quelle funzioni, per le quali può dare una delega alla scuola o ad altre strutture.

Si tratta di coltivare la perseveranza in attività pratiche, prerequisiti all'impegno costante in futuri compiti intellettuali. Ad esempio, si osservano spesso bambini che scelgono a fini ludici attività extrascolastiche, sportive o musicali, subito pronti ad abbandonarle alla prima frustrazione o alla richiesta di una più intensa partecipazione.

Questa tendenza all'evitamento, che spesso sottende una richiesta implicita di aiuto per perseverare nell'impegno preso, può essere male interpretata dai genitori. Essi, in nome di una presunta importanza della libertà di scelta, accondiscendono a queste rinunce, contribuendo ad accrescere l'insicurezza e la mancanza di fiducia nelle proprie possibilità da parte del figlio.

I genitori, che hanno già contribuito a far raggiungere buone autonomie pratiche personali e domestiche, che hanno modellato l'abitudine all'ordine e al rispetto delle regole, devono ancora lavorare assiduamente per favorire e indirizzare i propri figli nel mantenere gli impegni presi in compiti pratici extrascolastici, al duplice scopo: migliorare l'autostima del bambino e fornire le premesse per la costruzione delle funzioni esecutive.

Che fare se non è stato possibile avviare l'educazione del bambino fino dai primi anni?

Certamente se si comincia fin dal primo anno di vita l'educazione di tutte le intelligenze del bambino, al momento dell'ingresso a scuola il compito dei genitori è notevolmente agevolato, dato che le abitudini d'autonomia acquisite precocemente si saranno trasformate in schemi comportamentali stabili nel tempo.

Tuttavia, data la plasticità del sistema nervoso centrale e la sua disponibilità ad essere plasmato dagli stimoli esterni, esiste sempre, ancora per qualche tempo, la possibilità di riprendere l'educazione all'autonomia pratica, all'ordine e al rispetto delle regole dal punto ove è stata interrotta. Non è possibile in questo caso dare regole precise, ma solo cercare di colmare le eventuali lacune, procedendo con estrema gradualità, per rispettare sempre l'immagine di sé e rendere il bambino consapevole dei vantaggi a suo beneficio.

Dato che egli è oramai più grande, quando non si comporta all'altezza della situazione, i genitori tendono inconsapevolmente a colpevolizzarlo, proiettando su di lui tutta la responsabilità delle mancate acquisizioni. Sarebbe opportuno, invece, sapersi mettere in discussione per ciò che non è stato fatto in precedenza e, senza perdersi d'animo, mettersi subito a lavorare insieme al figlio, proponendogli poco alla volta piccoli obiettivi, gratificandolo quando li ha raggiunti.

Fino dai primi anni, ma soprattutto nell'età scolare, i bambini hanno la necessità di partecipare a tutti i progetti della famiglia, compresi quelli che li concernono, anche allo scopo di rispondere al bisogno d'autonomia di pensiero e di decisione che comincia ad emergere in questo periodo.

Inoltre, a partire dai sei anni la famiglia si deve concentrare sul potenziamento di due fondamentali educazioni: l'educazione emotiva e l'educazione morale. Questo campo è uno dei più ignorati dalla nostra cultura e, proprio per questo, è difficile che i genitori si trovino a portata di mano le regole fondamentali.

È stato già osservato (v. p. 106 e segg.) che la costruzione di queste due aree educative è più lenta, rispetto alle acquisizioni nell'ambito delle autonomie pratiche e della sfera linguistica. Ciò dipende dal fatto che esse si modellano esclusivamente sull'esempio delle figure adulte, sia familiari sia sociali, associate all'opportuna verbalizzazione.

In pratica queste educazioni devono essere state già avviate nei primi anni, quando si è trattato di educare al rispetto verso le persone, gli animali ed anche gli oggetti di casa. Tuttavia, è proprio ora il momento di gettare solide basi per la coltivazione di questi importanti aspetti delle due intelligenze personali. In questo caso il bambino deve avvalersi del linguaggio, ed è quindi fondamentale che egli sia arrivato alla capacità di parlare di cose astratte quali i sentimenti.

Mentre le educazioni pratiche, motorie e musicali possono essere, almeno in parte, delegate a strutture esterne e quella linguistica e logica alla scuola, l'educazione emotiva e morale rimangono compito unico ed insostituibile della famiglia per due ragioni: innanzi tutto perché solo in famiglia esiste una situazione d'intimità e confidenza, tale da favorire gli scambi emotivi. In secondo luogo perché la famiglia è la più piccola e stabile cellula sociale, ove osservare ed esercitare gli elementi base di queste due educazioni.

La scuola, in quanto ambiente sociale più allargato potrà solo ampliare e applicare anche in altri ambienti quanto il bambino ha già appreso in famiglia, ma non sostituirsi o entrare in competizione con l'ambiente familiare, pena il blocco emotivo dovuto alla confusione dei messaggi. Spetta dunque prevalentemente alla famiglia coltivare, innanzi tutto, l'intelligenza emotiva.

COME SVILUPPARE L'INTELLIGENZA EMOTIVA

L'intelligenza emotiva è la capacità di identificare e denominare le proprie emozioni e i propri sentimenti, di accettarli e di ritenerli risorsa utile per il proprio sviluppo anche cognitivo. Comprende anche la capacità di riconoscere negli altri la presenza di analoghi sentimenti ed emozioni, costruendo l'empatia. È intimamente legata all'intelligenza morale, ed entrambe sono connesse con l'intelligenza linguistica.

Dall'autoconsapevolezza dei propri sentimenti deriva la capacità di controllare le risposte emotive immediate e i possibili comportamenti impulsivi, suscitati da eventi esterni, sostituendoli con altri più adeguati, migliorando la comunicazione e incrementando la competenza sociale (v. p. 106).

L'educazione emotiva ha come obiettivo di aiutare il bambino a:

- prendere consapevolezza del proprio stato emotivo;
- individuare, differenziare, riconoscere e denominare le varie emozioni;
- differenziarle dai comportamenti reattivi conseguenti;
- controllare le proprie risposte e i propri comportamenti impulsivi;
- comprendere le ragioni e i motivi degli altri;
- individuare soluzioni alternative per risolvere i conflitti, evitando sia la passività sia l'aggressività.

COME SI PUÒ AFFRONTARE IN FAMIGLIA L'EDUCAZIONE DI QUEST'INTELLIGENZA?

Intorno ai sei anni circa, è possibile favorire nel bambino l'avvio del processo di introspezione, con l'individuazione e la codifica delle proprie ***emozioni*** e dei propri ***sentimenti***, insegnando a denominarli.

I sentimenti di base, che si ritrovano in tutte le culture sul nostro pianeta, sono tre negativi: ***collera, paura, tristezza*** e due positivi: ***sorpresa e gioia***. Altri si formeranno nel tempo per una mescolanza e per diverse sfumature di ognuno di questi.

È molto importante insegnare presto al bambino ad esprimere con le parole le proprie emozioni: la gioia e l'entusiasmo, ma anche la paura, la collera, la tristezza. I genitori devono preoccuparsi di offrire ai bambini la denominazione appropriata di ognuna di queste.

La ***gioia*** si prova quando incolumità, possesso, libertà, contatti con il mondo sono pienamente soddisfatti. La ***sorpresa*** esprime uno stato di stupore di fronte ad un evento inatteso, per lo più gradito. I sentimenti positivi, tuttavia, non danno origine in generale a comportamenti da controllare.

È invece importante educare all'identificazione dei sentimenti negativi, e al controllo dei comportamenti impulsivi che essi possono generare. Un comportamento impulsivo violento è il modo sbagliato di esprimere la rabbia; il chiudersi in se stessi, isolandosi, quello di esprimere la tristezza; l'estrema ritrosia con tendenza ad evitare, quello di esprimere la paura. Tutti questi comportamenti vanno controllati e gradualmente sostituiti con la verbalizzazione. Se i sentimenti sono espressi con le parole tendono ad attenuarsi.

Per insegnare a dare un nome alle emozioni negative è indispensabile saper cogliere il momento giusto. Questo deve essere il più vicino possibile all'emozione provata, ma non contemporaneo, per l'impossibilità del bambino di gestire simultaneamente emozioni e processi di pensiero.

Il genitore deve essere attento a capire, dall'atteggiamento e dalla situazione, quando il figlio ne stia provando uno. Durante la scarica emotiva, è opportuno che il genitore faccia sentire la propria vicinanza e il suo sostegno affettivo con il contatto fisico, se il bambino è ancora piccolo; se è un po' più grande bastano poche parole di supporto, pronunciate con fermezza, ma senza alzare la voce. Se il genitore reagisce in modo fermo, da un lato rassicura il bambino e dall'altro potrà guidarlo verso l'imitazione di comportamenti più consapevoli.

Superato l'impatto emotivo, dopo alcune ore o anche il giorno dopo, l'adulto deve essere pronto ad aprire il dialogo: *"Ti sei sentito triste oggi per..."*; *"Ti sei proprio arrabbiato quando..."*; *"Hai avuto paura ieri quando..."* e subito aggiungere *"anch'io sai, ho provato la stessa cosa quando..."*. È importante lanciare al bambino il messaggio che è normale provare sentimenti, che tutti li provano; la cosa che deve essere controllata è il comportamento successivo, se è inadeguato.

Col passare del tempo e con gli esempi forniti dal genitore, i bambini possono riuscire ad autocontrollarsi. Ad esempio, quando sono tristi o sconfortati devono potersi dire: *"...cosa mi può aiutare a stare un po' meglio?"*.

Le risposte possono essere trovate sia nel comportamento, sia a livello di pensiero. Nel primo caso parlare con qualcuno, telefonare ad un amico, mettersi a giocare con il cane o con il gatto, disegnare. Nel secondo, pensare: *"altre volte mi sono sentito triste e poi mi è passata"*, oppure usare metafore flash tipo: *"dopo la notte viene il giorno, dopo la pioggia torna il sereno"*; o anche pensare a *"qualcosa di bello che ho fatto... o che ho in programma di fare"*, recuperando in qualche modo pensieri positivi.

Analogamente la collera può trovare uno sfogo con comportamenti alternativi: a livello motorio, andare a fare una corsa, a giocare a pallone, respirare profondamente. A livello cognitivo, pensare agli effetti negativi su di sé o sugli altri già osservati in passato: senso di colpa, malessere, lesioni provocate agli altri o danni agli oggetti, imparando a chiedersi a cosa può servire spaccare qualcosa o picchiare un altro, e quali vantaggi derivano per sé da simili comportamenti.

Riflettere insieme sui motivi e sulle conseguenze dei comportamenti impulsivi può aiutare a modificare non solo le reazioni dei bambini, ma anche alcuni atteggiamenti dei genitori, che devono sempre interrogarsi se gli eccessi comportamentali del proprio figlio possono essere messi in relazione con una richiesta di una maggiore attenzione da parte loro.

È opportuno, inoltre, chiarire presto ai bambini che tali sentimenti svolgono anche una funzione protettiva. Ad esempio:

- la ***rabbia*** aiuta a difenderci, contribuisce alla conservazione del proprio corpo, dei propri averi, della propria libertà;
- la ***paura*** aiuta ad evitare i pericoli, ad essere prudenti;
- la ***tristezza*** contribuisce a dissolvere la sofferenza per una perdita.

Solo più tardi, dopo aver più volte provato e denominato i propri sentimenti insieme al genitore, oltre ad essere stato guidato a controllare nel modo più adatto le eventuali risposte, il bambino sarà in grado di riconoscerli da solo, e di capire che anche i coetanei, e tutte le altre persone in genere, provano emozioni uguali o simili in situazioni analoghe.

Il bambino può essere così guidato a costruire l'***empatia verso gli altri***, giungendo a riconoscere nei coetanei i suoi stessi sentimenti, a mettersi al loro posto per situazioni già sperimentate e verbalizzate. Il rispetto per le altre persone sarà poi facilmente esteso a comprendere anche gli altri esseri viventi. Il controllo dei sentimenti allargato al contesto sociale fa sviluppare l'intelligenza morale.

Cos'è l'intelligenza morale?

L'intelligenza morale si riferisce ai valori, agli atteggiamenti e ai comportamenti accettati o meno nell'ambito della propria cultura. Favorisce la comprensione e l'applicazione delle regole di convivenza, basate sul rispetto verso i bisogni degli altri: dapprima in famiglia, poi a scuola e infine nella comunità.

Comprende la capacità di mettersi nei panni altrui e di comportarsi nei confronti degli altri secondo regole e valori, condivisi dalla maggior parte delle persone di un dato gruppo sociale. Il bene e il male, il lecito e l'illecito sono valorizzati e tramandati dalla cultura prevalente della famiglia.

L'intelligenza morale non può essere costruita con parole, spiegazioni o lezioni, ma viene modellata e trasmessa prevalentemente attraverso i numerosi esempi concreti, che ogni bambino riceve dai comportamenti degli adulti, nell'ambito sociale ravvicinato della famiglia e, più tardi, dai messaggi trasmessi dalla cultura tramite la TV, i giornali, la pubblicità, i film, il teatro, i libri.

Il linguaggio è un aspetto importante di quest'educazione. È il mezzo, che può far riflettere i bambini sui comportamenti osservati in varie situazioni, e che può aiutarli a paragonare comportamenti simili o diversi, sintetizzandone i risultati con l'espressione di un giudizio.

I bambini oggi ricevono, tramite i mass media, molti più stimoli, che riflettono valori e disvalori costruiti da adulti per gli adulti. Questi messaggi da un lato possono confonderli, perché in conflitto con quanto è insegnato in famiglia, e dall'altro li espongono troppo precocemente a problemi che non sono ancora in grado di capire e di gestire. È quindi importante in questi casi la funzione di filtro da parte dei genitori e, comunque, l'attivazione di una continua riflessione critica su quanto viene presentato.

Come portare avanti l'educazione morale?

Il senso morale deriva dalle due intelligenze personali: dalla relazione con i genitori prima di tutto e in seguito dalla capacità di mettersi al posto degli altri, oltre che dal valore che ognuno attribuisce a se stesso.

L'educazione morale è strettamente legata a quella emotiva, in quanto è basata sulla capacità di rinunciare gradualmente al proprio egocentrismo, di controllare i propri comportamenti impulsivi, suscitati da sentimenti di rabbia o di paura, di riconoscere nelle altre persone analoghi sentimenti, riuscendo ad immedesimarsi in loro.

Se il bambino nei primi anni è stato guidato al rispetto dei bisogni degli altri membri della famiglia, a curare animali e piante, ad aver cura degli oggetti di casa, ad adeguarsi alle normali regole di convivenza, è già sulla buona strada per una valida educazione morale.

Il senso morale non si acquisisce grazie alla memorizzazione di norme e regole, ma si forma prima di tutto dai modelli forniti in casa dagli adulti e, in seguito, anche dall'interesse per le emozioni degli altri, in cui si riconoscono le proprie.

Il modo più efficace per affrontare l'educazione morale, il rispetto degli altri e delle regole di convivenza è senz'altro fornire in famiglia modelli adeguati da imitare. In questo campo ogni bambino finisce sempre col modellare il proprio comportamento sul modo di agire, sui valori e sugli atteggiamenti dei propri genitori. I bambini sono, infatti, osservatori silenziosi di tutto ciò che li circonda, in particolare molto attenti ai comportamenti dei genitori e di altri adulti significativi.

Spesso cercano solo indicazioni e suggerimenti su come comportarsi in determinate situazioni della vita di tutti i giorni; ma si dimostrano anche abili nel mettere in relazione la condotta degli adulti con le regole esplicitate a parole, pronti a cogliere subito quando non vi sia concordanza. A mano a mano che crescono, non è raro che esprimano palesemente la loro critica, sottolineando l'incoerenza, fra ciò che l'adulto dice e quello che, talora, è sorpreso a fare.

I bambini associano, assimilano, memorizzano e imitano tutto ciò che osservano nella loro vita quotidiana, e si adeguano ai modelli di comportamento che ricevono. Il compito dei genitori in questo campo è della massima responsabilità. Tuttavia, è bene ricordare che sbagliare è sempre ammesso: il bambino non pretende genitori perfetti, ma apprezza i loro sforzi per migliorare, ed è sempre pronto a seguirne l'esempio.

Dagli esempi negativi, forniti inconsapevolmente dai genitori, i bambini imparano anche come possa essere considerato "normale" infrangere le regole. Appare perciò incoerente rimproverarli subito, quando talora mostrano comportamenti inadeguati. Bisogna piuttosto che gli adulti s'interroghino sui propri comportamenti, mettendosi in discussione, e s'impegnino, con sforzo personale, a mostrare la massima coerenza.

Spesso si pensa che l'educazione proceda a senso unico, dall'adulto che dà regole e spiegazioni verso il bambino che le riceve; invece, anche i bambini possono far nascere l'occasione di un'autocritica e di un autocontrollo per gli adulti.

È necessario rendersi conto dell'importanza della reciprocità dell'apprendimento infantile, in particolare sul piano morale: i bambini devono poter partecipare a conversazioni e discussioni su temi d'interesse etico, sentendosi autorizzati e stimolati a porre domande, a dare pareri e ad essere ascoltati con serietà, nonostante talora l'ingenuità dei loro interventi.

Il bambino deve legare l'educazione morale ad azioni concrete. Non è ancora in grado di assegnare significati a parole astratte, quali *"bontà... bene... male... giusto... ingiusto"*, ma potrà farlo soltanto dopo che avrà ricevuto numerosi esempi di azioni giudicate dagli adulti dirette al bene comune, oppure riprovevoli.

Il rispetto delle regole si manifesta con l'obbedienza e con l'accettazione della scala di valori adottata nella propria famiglia. I bambini, da piccoli, obbediscono perché riconoscono l'autorità dei genitori, che danno loro affetto, sicurezza, e senso di benessere. A mano a mano che crescono, tuttavia, per obbedire, devono essere convinti che il rispetto delle regole è finalizzato allo stare bene insieme con gli altri, ed è utile per dare un ordine anche allo scorrere della loro vita.

A partire dai sei anni il bambino ubbidirà ancora per affetto, ma prevalentemente perché si renderà conto che è ragionevole ciò che gli viene chiesto. A partire da quest'età, il genitore deve rendersi conto che non è sufficiente un'obbedienza passiva, ma che è fondamentale fare appello alla coscienza del bambino.

Il bambino può cominciare ad accorgersi che l'adeguamento alle regole non è dettato solo dalla volontà di comando dell'adulto, ma che è necessario ai fini di una serena convivenza sociale; con lo sviluppo ulteriore della coscienza morale potrà crearsi, al suo interno, le proprie categorie morali.

È opportuno richiedere l'obbedienza solo per cose importanti, assicurandosi che il figlio sappia sempre con chiarezza quale sia il comportamento desiderato, a livello di ***cosa, quando*** e ***come*** agire. L'osservazione attenta dei genitori è in questo caso l'elemento fondamentale.

Alcuni genitori ritengono che la richiesta del rispetto delle regole possa in qualche modo ridurre la spontaneità e la creatività del bambino, penalizzandone la libertà. Niente di più errato. Il bambino ha bisogno di essere informato sul fatto che ogni comportamento ha delle conseguenze sul piano sociale, e che spetta a lui scegliere consapevolmente. La libertà è scelta consapevole fra attività, atteggiamenti e comportamenti conosciuti.

Nei primi anni il bambino è alla ricerca continua di limiti e di contenimento della propria impulsività, limiti che possono essere dati solo dagli adulti, i quali sono anche in grado di proporgli il ventaglio di azioni, entro il quale scegliere. Se, invece, viene lasciato libero di seguire i suoi impulsi, ed incapace di prevederne le conseguenze, può convincersi che ciò che egli fa non ha importanza, e percepire indifferenza a questo riguardo da parte degli adulti.

Col progredire dell'età, le strutture di base dell'educazione morale devono essere già saldamente costituite, perché difficilmente potranno essere contrastate per essere sostituite da altre, proposte tardivamente dai genitori. È importante quindi iniziare presto perché il carattere è plasmato, nel bene e nel male, dalle azioni ripetute quotidianamente.

L'educazione morale è oggi facilitata anche dalla capacità di sentirsi coinvolti nelle situazioni più disparate e nei sentimenti altrui, assistendo a spettacoli televisivi, ad opere di cinema e di teatro, oltre soprattutto dalla lettura, purché sia data la possibilità di discutere i diversi ruoli, di individuare soluzioni alternative, e di risolvere i conflitti sentimentali e sociali, che sono proposti caso per caso.

Come l'educazione emotiva, anche l'educazione morale è legata alla competenza linguistica, alla capacità di parlare e di riflettere su quanto sia importante capire i bisogni e i sentimenti, provati sia in prima persona, sia dagli altri, in modo da diventare consapevole del perché è necessario osservare le norme che regolano la vita sociale.

QUAL È IL MODO MIGLIORE DI ASCOLTARE I PROPRI FIGLI?

Molti adolescenti e giovani adulti, che presentano problemi di comportamento, concordano su un'unica causa: sul fatto di "*non essere mai stati ascoltati dai propri genitori*". In pratica essi segnalano la carenza di educazione emotiva e morale negli anni della propria fanciullezza.

Genitori e educatori possono aiutare i bambini a crescere sul piano emotivo abituandoli ad individuare i diversi sentimenti che essi provano, secondo i metodi dell'educazione emotiva, oltre a guidarli a trovare ***da soli*** la risposta ai propri piccoli problemi quotidiani.

A volte, ad esempio, un ragazzo si presenta al genitore con un comportamento o un'espressione verbale, che si discosta dalle sue normali abitudini, ma che può essere sotteso da sentimenti d'insofferenza, preoccupazione o disagio. È opportuno allora che l'adulto eviti di fornire subito una risposta al messaggio verbale o al comportamento inadeguato, e invece tenti di individuarne la fonte emotiva, i sentimenti nascosti che possono averlo generato.

È necessario evitare di reagire con impazienza o con manifestazioni d'insofferenza, fornendo la propria visione adulta del problema, giudicato sempre di scarsa importanza, e offrendo le proprie soluzioni che tendono a troncare ogni comunicazione.

Gordon parla di ***dodici barriere della comunicazione***, esemplificando le più comuni risposte degli adulti.

INVIARE MESSAGGI		
Risolutivi	**Di disapprovazione**	**Minimizzanti**
dare ordini, comandare	giudicare, criticare	elogiare, assecondare
ammonire, minacciare	interpretare, analizzare	rassicurare, consolare
esortare, fare la predica	ridicolizzare, umiliare	scherzare, distrarre
consigliare, suggerire	montare in cattedra	indagare, far domande

Nella maggior parte dei casi, queste risposte possono creare ostacoli alla comunicazione fra l'adulto e il bambino, che è invece sempre opportuno prevenire o impegnarsi a risolvere. Per evitare difficoltà comunicative, e rafforzare invece l'autostima sul piano emotivo, si raccomanda ai genitori di coltivare innanzi tutto l'ascolto empatico.

A cosa si riferisce l'ascolto empatico?

Con il termine ***ascolto empatico*** ci si riferisce all'abitudine di non prestare attenzione alle parole proferite o al comportamento provocatorio, spesso di sfida, trattenendosi dall'offrire subito suggerimenti o consigli, che riflettono la propria esperienza di adulti. È opportuno, invece, prendere tempo in qualche modo, per cercare di individuare i probabili sentimenti che hanno provocato quelle parole o quel comportamento non abituale.

Rispondere al semplice enunciato verbale o al comportamento, senza preoccuparsi di quale sia l'emozione che lo ha provocato, crea un ostacolo al dialogo: il bambino si convince di non essere capito. I genitori credono di aiutarlo offrendo subito all'esplicito messaggio verbale la loro soluzione, il loro punto di vista positivo o negativo del problema. In realtà, così facendo, da un lato non dimostrano di considerare e voler capire effettivamente il suo stato d'animo e, dall'altro, assumono implicitamente che egli non sia capace di trovare da solo una valida soluzione.

Chi si appresta a condurre una reale educazione emotiva dovrebbe sempre utilizzare l'ascolto empatico, sforzandosi di evitare, almeno in certe situazioni, di fornire una risposta immediata alla comunicazione verbale.

È consigliabile innanzi tutto prendere tempo con un "*ehm... fammi capire...*" o "*spiegati meglio...*" e subito dopo cercare di capire se si tratta di rabbia, dispiacere, timore, frustrazione, allo scopo di fare emergere la vera causa emotiva che possa aver scatenato il comportamento o il commento verbale. Questo atteggiamento di accoglienza empatica spinge spesso il bambino a trovare le parole giuste per portare alla luce i veri sentimenti e i reali motivi sottostanti.

A questo punto l'adulto potrà prendere parte al sentimento emotivo, verbalizzandolo "*mi sembri proprio dispiaciuto...*" oppure "*questa cosa ti ha fatto proprio arrabbiare...*". Infine solleciterà il ragazzo a trovare da solo la soluzione per quella situazione: "*cosa pensi che potrebbe funzionare... quale altra reazione ti sembra adeguata...*".

Eventualmente il genitore può portare ad esempio com'egli stesso abbia una volta provato la stessa esperienza emotiva. Infine potrà incoraggiare il figlio ad esprimere quello che riterrebbe più opportuno fare, dimostrandosi così capace di affrontare e risolvere da solo la questione.

Il figlio vede da un lato messo a fuoco, compreso e verbalizzato il suo stato d'animo emotivo; dall'altro si sente ritenuto capace di trovare da solo la soluzione, ed è così spinto alla conquista della propria autonomia decisionale; in questo modo può sentirsi veramente ascoltato e capito.

A volte mio(a) figlio(a) è proprio indisponente. Che fare?

È importante che i genitori sappiano riconoscere quando, invece, il problema li riguarda direttamente; quando cioè sono essi stessi a provare irritazione, frustrazione, senso d'impotenza di fronte a comportamenti irriverenti, provocatori o comunque sgraditi, talvolta intenzionali, ma spesso causati dalla distrazione o dalla disattenzione dei loro figli.

In questi casi, in genere, è facile tendere ad usare le barriere della comunicazione, inviando messaggi:

- ***direttivi***, *"finiscila... basta..."* dal contenuto implicito *" qui il capo sono io... "* oppure *"possibile che tu non capisca.... che tu non ti renda conto di quanto sei fastidioso... "* Come risultato il bambino si sente colpito e offeso nella immagine globale di sé, persisterà nel comportamento sgradito ripetendolo appositamente, mentre tenderà sempre più alla ribellione;
- ***repressivi***, che denigrano il figlio *"sei sempre il solito piantagrane...";* anche in questo modo si ferisce l'immagine di sé, gli si addossa tutta la responsabilità dell'accaduto;
- ***indiretti***, con commenti ironici o sarcastici *"ecco cosa ha saputo combinare il nostro genio incompreso... "*; il genitore viene allora percepito come inaffidabile, aggressivo, pericoloso.

Gordon sottolinea come in questi messaggi si usi sempre il pronome ***tu,*** e il ragazzo riceva soltanto valutazioni generali negative su di sé.

Per una più efficace gestione di questi casi, è necessario sostituire i messaggi in seconda persona: "***tu sei*** *sempre il solito distratto, pigrone...*", con messaggi in prima persona, nei quali si segnalano gli effetti concreti, fisici o psicologici, generati dal comportamento scorretto.

Innanzi tutto bisogna porre l'attenzione esclusivamente, e in modo circoscritto, sul comportamento sgradito. Perciò ogni messaggio in prima persona deve sempre iniziare con: *"Quando fai..., se ti comporti... "*, riferendosi a quello specifico comportamento, che crea disagio all'adulto o al buon andamento familiare, ma guardandosi bene dall'esprimere qualsiasi giudizio o valutazione negativa globale sulla persona.

Il secondo indispensabile elemento è segnalare ***l'effetto tangibile e concreto*** provocato dal comportamento scorretto: *"...potrei inciampare, ...perdo tempo inutilmente, ... devo ricominciare da capo, ecc."*

È solo a questo insieme circoscritto ***comportamento -***

effetto - conseguenza che la critica va limitata, e non all'intenzionalità e alla globalità del ragazzo. Egli può allora percepire il genitore come una persona reale, che non teme di mostrare i propri sentimenti: disappunto, contrarietà, irritazione, anche se negativi.

I messaggi in prima persona favoriscono un rapporto più intimo fra genitori e figli. Inoltre, dato che i ragazzi tendono a seguire l'esempio dei loro genitori, i messaggi in prima persona rappresentano anche un eccellente modello, per insegnare a comportarsi in modo altamente efficace anche fra coetanei, o con altre persone, in situazioni analoghe.

Comunque, tutte le volte che il rapporto genitore/figlio è buono, e non vi sono problemi né per l'uno né per l'altro, i ragazzi possono sopportare, e i genitori usare senza danno, anche le barriere della comunicazione.

È MEGLIO ESSERE AUTORITARI O PERMISSIVI?

Per molto tempo l'educazione dei fanciulli è stata impostata in base ad uno stretto autoritarismo. L'***autoritarismo*** ottocentesco era basato su un rigido rispetto delle persone e delle regole: al padre in particolare era addirittura richiesto l'uso del "lei" o del "voi" di riguardo; non era possibile sgarrare, se non incorrendo in pene fisiche o mortificazioni.

La comunicazione fra genitori e figli era minima, se non del tutto assente, dato che, soprattutto nei primi anni, i bambini di famiglie benestanti erano affidati a balie o istitutrici, altri, meno abbienti, erano subito impegnati in lavori faticosi. L'unico lato favorevole era che i ragazzi sentivano che i genitori avevano grandi aspettative riguardo al loro futuro.

L'autoritarismo, specie se esasperato, è certamente dannoso; se poi viene applicato in maniera incoerente o ingiusta, è ancora più dannoso. Quando si usa il potere, si provoca sempre, in chi è sottoposto, l'insorgere di meccanismi di difesa: la coercizione non riesce mai a educare e a persuadere.

Il sistema dell'autorità e del potere adulto funziona finché i bambini sono piccoli e totalmente dipendenti. Tuttavia, appena diventano più grandi e si sentono più liberi, tendono a reagire con rabbia, ostilità, resistenza, contestazione. I ragazzi più grandi diventano difficili da gestire, perché cominciano ad essere più indipendenti.

Nei primi decenni del novecento l'autoritarismo cominciò ad essere messo in discussione, anche se non è crollato subito. I famosi principi del dottor Spock hanno finito con scardinarlo, sostituendovi gradualmente il ***permissivismo***, che purtroppo ancora oggi imperversa in molte famiglie, dalle più alle meno abbienti, dalle più alle meno culturalmente evolute.

Il permissivismo si basa all'inizio su una buona comunicazione e su ottime intenzioni; tuttavia, l'affetto tende a limitarsi a dimostrazioni esteriori, e finisce con l'assenso continuo a tutte le richieste del bambino; queste all'inizio sono minime, ma, col passare del tempo, e se sono sempre esaudite, crescono in maniera esponenziale. I genitori hanno, nei confronti dei figli, idealmente grandi aspettative per il loro futuro, ma non si curano di costruirne le basi.

I bambini sono così allevati in una totale mancanza di regole e di controllo. Di conseguenza, non si danno loro strumenti per affrontare le inevitabili difficoltà della vita, e non si abituano ad usare strategie utili per superarle: strategie e strumenti derivano dal possesso di autonomie personali e sociali, dall'abitudine all'ordine e al rispetto verso gli altri.

Fra questi due stili, entrambi criticabili, l'autoritarismo sembra comunque il meno dannoso, in quanto tende a generare rabbia compressa, ribellione e desiderio d'indipendenza, anche se coinvolge il disprezzo per qualsiasi tipo di autorità. Il permissivismo genera, invece:

- percezione di indifferenza da parte degli adulti;
- scarsa considerazione per gli altri e per la vita sociale;
- insoddisfazione continua;
- chiusura in se stessi;
- mancanza di motivazione esistenziale.

QUAL È IN DEFINITIVA LO STILE EDUCATIVO DA SEGUIRE?

La maggior parte dei genitori pensa che non esista alternativa fra questi due stili educativi: o autoritarismo, o permissivismo.

Bisogna considerare che ogni stile educativo è basato su quattro componenti essenziali: affetto, comunicazione, controllo e aspettative. Lo stile da seguire è quello che richiede la presenza di tutti e quattro questi elementi:

- l'***affetto***, che viene trasmesso fin dai primi anni con l'offerta di partecipazione a tutti gli eventi della famiglia;
- la ***comunicazione***, che si realizza con l'ascolto empatico e con l'educazione emotiva e morale;
- il ***controllo*** sul comportamento, che esige il rispetto verso gli altri, adulti e coetanei, ma anche animali e oggetti;
- le ***aspettative***, che vengono manifestate con incoraggiamenti ed approvazioni nell'adozione di comportamenti, ritenuti adeguati ed efficaci da parte dell'ambiente sociale.

Lo stile educativo, che garantisce la presenza di tutti e quattro questi componenti, è definito ***stile autorevole***.

I genitori possono creare un'atmosfera densa di ***affetto***, favorendo l'autonomia del bambino, inviandogli messaggi impliciti di fiducia e di apprezzamento per le sue crescenti capacità e per la sua partecipazione all'andamento della vita di famiglia.

Ciò contribuisce anche a stabilire una valida ***comunicazione***, portata avanti col dialogo continuo, limitando l'innalzamento della voce, e spiegando sempre con chiarezza quello che ci si aspetta da lui.

Non va dimenticata la necessità di instaurare precocemente abitudini all'ordine e al rispetto delle regole: sono questi i paletti indispensabili che ogni bambino inconsciamente desidera, il ***controllo*** necessario per esercitare liberamente le sue scelte di azioni e di comportamenti.

I messaggi impliciti di approvazione, che inducono la consapevolezza di essere apprezzato, fanno crescere nel bambino sia l'autostima, sia la convinzione di aver imboccato il percorso migliore, per realizzare le ***aspettative*** di tutta la famiglia.

Per essere autorevoli, è necessario innanzi tutto essere ***coerenti***, dimostrando con i propri comportamenti di essere i primi a rispettare quello che viene richiesto ai figli.

L'autorevolezza va messa in atto con coerenza fino dai primi anni: non si può essere permissivi fino a tre anni e poi improvvisamente diventare autoritari a otto, nove, tredici anni. Inoltre, i genitori autorevoli devono sempre sapersi mettere in relazione positiva con i figli, stabilire con loro dei patti chiari, che impegnano entrambi, e che sono di utilità per tutti.

Prima di imporre qualsiasi regola a un figlio è indispensabile sapere quali sono per noi adulti quelle più importanti, saperle esprimere a parole con precisione, e soprattutto obbligarsi a rispettarle per primi.

Certamente questa linea educativa può essere sentita come troppo impegnativa da molti genitori, anche perché, in un certo senso, può dare la sensazione di porre dei limiti alla propria libertà. Comunque, non c'è altra scelta e, del resto, i limiti e le regole possono essere posti solo nei primi anni. L'orientamento verso il permissivismo non è altro che un atteggiamento egoistico di rinuncia, che non fa che peggiorare la situazione.

L'unica alternativa è, quindi, proporsi di iniziare precocemente il processo educativo. Il rispetto delle regole, come già detto, se è proposto fino dai primi anni, traccia nella mente del bambino delle linee guida, innanzi tutto per le azioni e i comportamenti sociali, e successivamente anche per le idee, per l'organizzazione mentale e per l'autoregolazione.

L'intervento tardivo richiede purtroppo maggiore impegno, da un lato per la mancanza d'abitudine del ragazzo nel seguire schemi comportamentali corretti, e dall'altro per la maggiore difficoltà a far capire che tutta la vita sociale richiede regole, anche se, magari, è opportuno che siano discusse e condivise.

COME AFFRONTARE LA RIVALITÀ TRA FRATELLI?

Tra fratelli si possono stabilire vari tipi di rapporto: solidarietà, rivalità, conflitti. La solidarietà si crea alleandosi contro il mondo degli adulti, che spesso li rimprovera, li comanda, li punisce, oppure li sommerge con le proprie tensioni e i propri conflitti.

La rivalità è spesso inevitabile, a causa delle differenze di età e di temperamento, che suscitano atteggiamenti e comportamenti diversificati anche nei genitori. La rivalità non ha solo valenze negative, ma rappresenta sovente un forte stimolo per il bambino, preparandolo ad una sana competizione che potrà essere utile per inserirsi in seguito in una società certamente competitiva.

La rivalità tra fratelli è del tutto naturale; è una forma di lotta per difendere il proprio posto in famiglia e, magari, avere qualcosa in più rispetto agli altri. La convivenza, tuttavia, può talora creare tensioni, e conflitti per superarle. È opportuno non dare troppa importanza a questi conflitti, per evitare di drammatizzare la situazione e acuire la rivalità.

I genitori, invece, sono spesso portati a fare confronti, ad emettere pareri, a dare giudizi sui comportamenti di un figlio o dell'altro. Da qui litigi, dispetti, aggressioni anche non verbali tra fratelli, in un'alternanza di guerra e pace.

La rivalità può essere aumentata dalla tendenza dei genitori a contrapporre i fratelli, emettendo giudizi e facendo continui paragoni e confronti: *"guarda com'è brava tua sorella..., sei cattivo..., devi smetterla di essere così maleducato"*.

In questi casi si emettono giudizi negativi globali sul bambino, come persona, piuttosto che sui suoi comportamenti sbagliati; in questo modo i ragazzi, soprattutto quelli più grandi, sono indotti ancora di più all'ostilità e a fare sempre peggio.

Senza considerare che etichettare in qualche modo i figli può far sì, che essi finiscano con l'aderire alle valutazioni negative dei genitori, finendo per rimanere invischiati nei ruoli pronosticati dagli adulti. Le parole di un genitore s'imprimono, infatti, nella mente dei figli e, spesso, costituiscono qualcosa d'indelebile.

Nel caso in cui i conflitti diventino consistenti, è necessario intervenire, senza imporre soluzioni o dar ordini dall'alto, ma stimolando i fratelli a proporre loro stessi le soluzioni possibili.

Talvolta, se il conflitto non si risolve, può essere necessario discutere in gruppo, in un momento di calma e di serenità generale, stimolando i bambini alla comprensione dei relativi punti di vista, mantenendosi imparziali, ascoltando le ragioni di ciascuno ed evitando giudizi e decisioni precipitose.

Le discussioni e i litigi, d'altra parte, rappresentano un rodaggio, un modo per imparare l'arte di convivere, e sono fonte d'esperienza per affrontare, anche in seguito, le difficoltà nella vita sociale. Sono utili per imparare a gestire futuri e più impegnativi conflitti, per affermare se stessi senza prevaricazioni, per difendere le proprie posizioni, senza però perdere mai il controllo. Tanto meglio, se quest'allenamento avviene in famiglia, circondati dall'affetto e dalla solidarietà reciproca.

Per prevenire i conflitti tra fratelli può essere utile evitare che i bambini si annoino, tenendoli occupati in attività, possibilmente diverse, in modo da superare più facilmente la necessità di condividere sempre oggetti e giochi.

È utile, d'altra parte, stimolare i bambini ad eseguire insieme piccole attività d'aiuto e supporto alla famiglia, come riordinare libri, cd, videocassette, fotografie, per favorire la cooperazione fra di loro, costruire il senso d'appartenenza e, nello stesso tempo, sentirsi utili e stimati dai genitori.

È opportuno che i genitori favoriscano occasioni di convivenza familiare, quali gite, pranzi, momenti di conversazione, trasmettendo un sano ottimismo, il senso dell'ironia e dell'humour nella famiglia. È, infatti, necessario che i fratelli riescano a sviluppare qualità, come: rispetto reciproco, comprensione, empatia, lealtà, sincerità e capacità di comunicare i propri stati d'animo, come consiglia l'educazione emotiva.

Come risolvere i piccoli conflitti quotidiani?

A mano a mano che il bambino cresce, piccoli conflitti sono inevitabili sia con i genitori o con i fratelli all'interno della famiglia, sia con i coetanei o con gli insegnanti all'interno della scuola.

Negli anni della scuola primaria la capacità di confrontarsi con gli altri cresce in continuazione, ed è facile che si formino anche sentimenti d'insicurezza, per sentirsi esclusi, per essere ritenuti inadeguati, non accettati o presi in giro. I piccoli conflitti, che si accendono all'interno di questi gruppi ristretti, possono avere effetti nocivi in chi è costretto a subirli, o ad essere sempre o prevalentemente vittima.

Gordon suggerisce come superare la difficile scelta fra autoritarismo e permissivismo, anche nel risolvere gli inevitabili conflitti che si presentano nella vita quotidiana, a casa e a scuola.

Un conflitto è dato dallo scontro o dal contrasto fra due o più persone, quando i comportamenti degli uni interferiscono con le esigenze degli altri. La causa di un conflitto è sempre la stessa: una delle due parti è convinta che *"ciò che l'altro sta (o non sta) facendo gli rende la vita difficile, non rispetta le proprie esigenze"*.

I conflitti fanno parte di tutte le interazioni umane; in sé non sono né buoni né cattivi, ciò che conta è sapere come risolverli. Tuttavia, quasi sempre, i genitori ritengono di avere a disposizione soltanto due alternative: o usare il potere in modo autoritario, o subire, lasciar correre, in modo permissivo. La soluzione è così posta solo in termini di vincita (o di sconfitta) da parte di una delle due parti in conflitto.

Il genitore autoritario tende ad influenzare grandemente il figlio; ma ha potere solo finché i bambini sono piccoli e in condizione di totale dipendenza. Il figlio che perde, è poco motivato ad eseguire ciò che gli è stato imposto, perciò il genitore, che vince, è costretto ad imporsi in continuazione. Per avere una vera influenza, è bene esercitare in modo limitato il proprio potere.

Il genitore permissivo, d'altra parte, raggiunge risultati ancora peggiori, in quanto esalta nel ragazzo l'egoismo, spegne la collaborazione, cancella la considerazione per gli altri, non produce alto rendimento nello studio o nel lavoro, né induce rispetto per qualsiasi tipo d'autorità.

Alcuni genitori poi finiscono con l'oscillare fra permissivismo e autoritarismo, lasciando correre per lungo tempo, finché, ad un certo punto, non ne possono più e sbottano con punizioni eccessive. Sono allora percepiti come ambigui; la loro incoerenza genera confusione.

Pochi genitori sono consapevoli di una possibile alternativa. Una soluzione, tuttavia, esiste, ed è quella comunemente usata da tutti per risolvere i conflitti fra adulti di pari grado: si tratta di ***collaborare per trovare una soluzione accettabile*** da entrambe le parti. Prerequisiti a quest'alternativa sono sempre i due comportamenti già esaminati:

- l'ascolto attivo, che incoraggia i ragazzi a confidarsi;
- l'abitudine, da parte del genitore, all'invio di messaggi in prima persona, al posto di quelli in seconda.

Il conflitto, quindi, deve essere delineato come un ***problema da risolvere***, di cui si ricercano insieme le possibili soluzioni. La cooperazione, non la competizione, e la flessibilità individuale aiutano a risolvere al meglio i problemi quotidiani, producendo sentimenti di reciproco rispetto.

Per la risoluzione di qualsiasi situazione problematica o conflitto, dal lasciare in ordine la casa al partecipare ai lavori domestici, è opportuno seguire i seguenti passi:

- definire il problema, indicando con chiarezza il disagio concreto che ciascuno prova;
- proporre numerose possibili soluzioni;
- valutare ogni soluzione proposta;
- individuare la soluzione che sembra migliore;
- stabilire come attuare la soluzione: *chi, che cosa, dove, quando, come si debba fare*;
- verificare che la soluzione scelta abbia risolto il problema.

Prima di iniziare è sempre bene spiegare con cura il procedimento che si intende seguire, allo scopo di rispettare i bisogni di entrambe le parti. I vantaggi di questo metodo sono molteplici:

- favorisce rapporti caratterizzati da fiducia e rispetto reciproco fra genitori e figli;
- motiva tutti ad attuare la soluzione prescelta;
- non si crea risentimento da alcuna parte;
- si risparmia tempo;
- fa conseguire una sinergia fra i partecipanti: il risultato del lavoro di gruppo è sempre migliore di quanto ciascuno potrebbe ottenere da solo;
- stimola la responsabilità e la maturità dei ragazzi.

Quest'ultimo punto è sempre condiviso, in astratto e a parole, da tutti i genitori; ma finché essi ricorreranno al potere autoritario o al lassismo permissivo, i ragazzi non avranno la possibilità di diventare responsabili e maturi.

L'adozione precoce di abitudini costruttive nella relazione fra genitori e figli può essere facilmente estesa ai rapporti fra coetanei. I ragazzi che sono guidati nell'ambito della casa a trovare soluzioni senza vincitori né vinti, sapranno anche come risolvere le dispute che inevitabilmente possono insorgere fra di loro.

Divergenze e controversie fra ragazzi non devono mai essere subite passivamente da una parte e risolte con l'aggressività e la prepotenza dall'altra; è fondamentale giungere sempre alla loro composizione attraverso ***negoziazioni concordate e condivise***, in modo da soddisfare entrambi i contendenti.

A volte mio(a) figlio(a) mi indispone quando vuole seguire certe mode. Che fare?

Sorgono prima o poi fra genitori e figli conflitti d'altra natura, dovuti alla discordanza dei valori e alla ***divergenza di opinioni*** su gusti personali, modi di vestirsi o di comportarsi abitualmente. Ad esempio, portare i capelli lunghi, jeans sdruciti, farsi fare piercing o tatuaggi. Questo genere di conflitto è difficilmente modificabile con le procedure discusse in precedenza.

In questi casi bisognerà agire riferendosi ai valori, ma solo assumendo la veste di chi discute in modo neutrale, offrendo soltanto informazioni utili e circostanziate. In pratica è necessario:

- conquistare la fiducia del ragazzo, affrontando il problema con dati, fatti, informazioni;
- proporre alternative con i relativi benefici, evitando valutazioni negative verso le sue scelte, e senza decantare la propria esperienza;
- esporre le idee in modo succinto, senza cercare di imporle, senza insistere, senza esagerare;
- usare l'ascolto empatico appena compare resistenza;
- lasciare al ragazzo la responsabilità del proprio cambiamento.

La realizzazione di un rapporto valido ed empatico fra genitori e figli fino dai primi anni è possibile grazie alla costruzione precoce delle diverse intelligenze: i bambini vanno abituati molto presto e con piacere alla partecipazione alle attività della famiglia, al gusto verso l'ordine, all'apprezzamento dell'utilità delle regole, consapevoli del contributo che tutti, anche i bambini piccoli, possono dare all'andamento quotidiano della casa.

A CHI SPETTA IN CONCLUSIONE LA RESPONSABILITÀ DELL'EDUCAZIONE EMOTIVA E MORALE?

L'educazione emotiva e quella morale possono e devono essere costruite prima di tutto in famiglia, fornendo però ai genitori gli indispensabili suggerimenti, oggi assai poco divulgati, per non incorrere in inevitabili errori. È da quest'educazione, infatti, che i bambini, da un lato saranno forniti di strumenti idonei per una vita emotiva più serena, e dall'altro, consolideranno la loro motivazione ad apprendere lungo tutto l'iter scolastico.

Anche la scuola, oltre al compito di istruire i bambini, ha oggi l'impegno di educarli sul piano emotivo e morale; il suo compito in questo campo, tuttavia, è quello di integrarsi maggiormente con le famiglie, allargando sul piano sociale della classe gli efficaci insegnamenti, che ogni bambino ha già ricevuto a casa.

L'educazione emotiva e morale è un ramo specialistico dell'educazione linguistica, che può e deve essere portata avanti certamente anche in ambito scolastico, ma solo se le sue basi saranno state impiantate correttamente prima di tutto in famiglia. La scuola può ampliare, variare, approfondire i messaggi ricevuti a casa, ma è impossibilitata a sostituirli e a ribaltarli.

Gli insegnanti possono fornire ai genitori indicazioni utili al comune obiettivo della crescita armoniosa di tutte le intelligenze del bambino e, in particolare, di quelle personali. Scuola e famiglia devono accuratamente evitare di cadere nel meccanismo perverso di "palleggiarsi" compiti e responsabilità, dimenticando che i bambini devono ricevere da tutti gli adulti che si occupano di loro, messaggi chiari e mai in contrasto fra loro.

Con l'educazione emotiva e morale, iniziata in casa fino dai primi anni, i ragazzi da un lato avranno soluzioni pronte per problemi già vissuti, dall'altro impareranno ad impegnarsi nella ricerca costante di efficaci soluzioni.

È essenziale che un'effettiva consapevolezza della propria competenza emotiva e morale sia impostata, e portata avanti in modo esplicito, oltre che in famiglia, anche durante tutti gli anni della scolarizzazione. Altrimenti, in una società quale l'attuale, dominata dalla velocità e dal permissivismo, la sua costruzione corre addirittura il rischio di bloccarsi, mantenendo adolescenti e giovani adulti allo stadio di un egocentrismo tipico della prima infanzia.

L'alfabetizzazione emotiva e morale a scuola appare altrettanto, se non addirittura più importante dei contenuti disciplinari; la sua costruzione è, in genere, molto più lenta di quella cognitiva, ma è altrettanto, se non maggiormente, connessa alla motivazione ad apprendere.

Con l'educazione emotiva e morale gli studenti sono aiutati a costruirsi le funzioni esecutive e quindi a raggiungere i migliori risultati scolastici.

Grazie alle abitudini instaurate in famiglia fin dai primi anni, essi saranno così in grado di orientare positivamente il loro comportamento cognitivo e sociale per tutto il periodo della scolarizzazione e, sicuramente, anche nella loro vita futura.

Bibliografia

AMMANNITI M., 1997, *Crescere con i figli. Le nuove regole dell'educazione.* Mondadori, Milano

ANDERSON E., REDMAN G., ROGERS C., 2000, *Come sviluppare l'autostima del bambino.* Red Edizioni, Como

ANDREOLI V., 2005, *Lettera alla tua famiglia.* Rizzoli, Milano

BICKEL J., GIUNTOLI G., 2006, *Educare, Formare, Insegnare: La guida indispensabile per la formazione psicopedagogica degli insegnanti.* Books & Company, Livorno

BIDDULPH S., 2001, *Il segreto dei bambini felici.* TEA Pratica, Milano

BOLLEA G., 2005, *Genitori grandi maestri di felicità.* Feltrinelli, Milano

BOLLEA G., 1995, *Le madri non sbagliano mai.* Feltrinelli, Milano

BOMBI A. S., 1993, *Lo sviluppo sociale e della personalità.* In: L. Camaioni (a cura di), Manuale di psicologia dello sviluppo. Il Mulino, Bologna

BRAZELTON T. B., GREENSPAN S.I., 2001, *I bisogni irrinunciabili dei bambini.* Cortina, Milano

CECCATO S., 1980, *Il punto 1 e 2. Perché tuo figlio pensi così.* IPSOA, Milano

COLES R., 1998, *L'intelligenza morale dei bambini.* Rizzoli, Milano

CREPET P., 2003, *Voi, Noi. Sull'indifferenza di giovani e adulti.* Einaudi, Torino

CREPET P., 2001, *Non siamo capaci di ascoltarli. Riflessioni sull'infanzia e l'adolescenza.* Einaudi, Torino.

FABIO A.R., 2003, *Genitori positivi, figli forti. Come trasformare l'amore in educazione efficace.* Erickson, Trento

FARNETANI I., 2005, *Genitori autorevoli.* Mondadori, Milano

FONZI A. (a cura di), 2001, *Manuale di psicologia dello sviluppo.* Giunti, Firenze

GARDNER H., 1987, *Formae mentis. Saggio sulla pluralità dell'intelligenza.* Feltrinelli, Milano

GOLEMAN D., 1996, *Intelligenza emotiva. Che cos'è. Perché può renderci felici.* Rizzoli, Milano

GORDON T., 1994, *Genitori efficaci. Educare figli responsabili.* La Meridiana, Molfetta (BA)

GOTTMAN J., 2001, *Intelligenza emotiva per un figlio. Una guida per i genitori.* B.U.R. Milano

LIOTTA E., 2001, *Educare al Sé. Formarsi per incontrare i bambini.* Ma.Gi. Roma

OLIVERIO FERRARIS A., 1992, *Crescere. Genitori e figli di fronte al cambiamento.* Cortina, Milano

PIAGET J., INHELDER B., 1970, *La psicologia del bambino.* Einaudi, Torino

PHILLIPS A., 2003, *I no che aiutano a crescere.* Feltrinelli, Milano

SPOCK B., 1954, *Il bambino. Come si cura e come si alleva.* Longanesi, Milano

TALLANDINI M. A., 1993, *Lo sviluppo emotivo ed affettivo.* In: L. Camaioni (a cura di), Manuale di psicologia dello sviluppo. Il Mulino, Bologna

TORELLÒ G., 1997, *La famiglia: personaggi e interpreti.* Ares, Milano

VALLI A.M., CAMMELLI S., 1994, *Formato famiglia.* Ares, Milano

VARIN D., 1993, *Lo sviluppo morale.* In: L. Camaioni (a cura di), Manuale di psicologia dello sviluppo. Il Mulino, Bologna

VEGETTI FINZI S., *A piccoli passi.* Mondatori, Milano

VEGETTI FINZI S., BATTISTIN A.M., 1996, *I bambini sono cambiati. La psicologia dei bambini dai cinque ai dieci anni.* Mondatori, Milano

VYGOTSKIJ L.S., 1972, *Immaginazione e creatività nell'età infantile.* Editori Riuniti, Roma

Indice

Books & Company

Scali Manzoni 49 - 57126 Livorno
tel. 0586 829979 - fax 0586 833094
e-mail: tani@iol.it

Bickel Jacqueline, *Il bambino con problemi di linguaggio. Diagnosi, intervento, prevenzione a casa e a scuola.*

Bickel Jacqueline, *Apprendere bene, studiare con entusiasmo. Quello che ogni insegnante deve sapere.*

Bikel Jacqueline, *Leggo e scrivo con entusiasmo. Come costruire le basi della lingua scritta.*

Bickel Jacqueline - Bruschi Anna - Leporatti Marinella, *Faccio, parlo, penso. Come affrontare l'educazione linguistica nella scuola dell'infanzia e nella scuola primaria.*

Bickel Jacqueline - Bruschi Anna - Leporatti Marinella, *Conto e ragiono senza problemi. Come costruire le basi di numero e di logica.*

Bickel Jacqueline - Giuntoli Giuliano, *Educare Formare Insegnare. La guida indispensabile per la formazione psicopedagogica degli insegnanti.*

Bickel Jacqueline - Baracchini Muratorio Graziella, *Come educare i figli presto e bene. Guida per i genitori e per quanti si occupano e preoccupano dei bambini.*

Books & Company s.r.l.
è il nuovo nome della Belforte & C. Editori srl.

La **Books & Company** s.r.l.
è la distributrice esclusiva dei marchi
Belforte & C. Editori e Belforte Editore Libraio.

Jacqueline Bickel

IL BAMBINO CON PROBLEMI DI LINGUAGGIO

Diagnosi, Intervento, Prevenzione a Casa e a Scuola

Books & Company

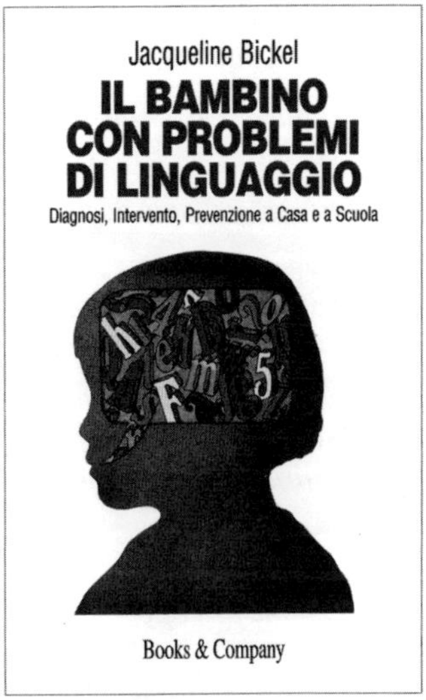

Solo l'uomo fra tutti gli animali, parla. La mancata acquisizione del linguaggio, un suo arresto di sviluppo, l'alterazione o la perdita, rappresenta per l'individuo una delle più gravi menomazioni con ripercussioni sul piano educativo, esistenziale e sociale.

Per studiare, identificare e trattare i disturbi del linguaggio infantile è necessario possedere un modello abbastanza completo della struttura del linguaggio normale e del suo uso nella comunicazione: la normalità è il riferimento d'obbligo per la patologia.

Per questa ragione, nella prima parte del libro sono analizzati gli aspetti rilevanti della normalità linguistica: sono definiti termini e concetti linguistici e psicolinguistici per esaminare il linguaggio e i suoi usi; inoltre, sono fornite le necessarie conoscenze di anatomofisiologia relative alla comprensione e alla produzione della parola ed indagati i processi neuropsicologici, cognitivi ed affettivi che stanno alla base del pensiero e della comunicazione.

Nella seconda parte sono prese in esame tutte le logopatie dell'età evolutiva, suddivise in due grandi gruppi: disturbi del linguaggio e disturbi della parola; ne sono discussi i principi generali di diagnosi e di intervento sul bambino, sottolineando come sia indispensabile coinvolgervi sempre anche la famiglia e la scuola.

Questo libro ricco di schemi, tabelle e suggerimenti pratici, è una traccia per la formazione di base dei logopedisti, degli insegnanti di sostegno e di tutti gli insegnanti che sono chiamati in causa per la prevenzione o l'intervento del disadattamento scolastico.

Utile anche per i genitori, è l'unico testo sulla patologia del linguaggio infantile che espone, in modo chiaro ed esauriente, la diagnosi funzionale, oltre a quella medica, neuropsichiatria e differenziale.

Finito di stampare
nel maggio 2008
da Genesi (Città di Castello)
per conto della
Books & Company s.r.l. - Livorno

Printed in Italy